Cuando 'Homo Digitalis' reinventó el mundo
La Revolución Cognitiva, Cultural y Tecnológica

Serge G Laurens

À Antonio Serge

À Raphaël et Chantal in memoriam

Serge G Laurens

Licenciado en Ciencias Políticas y Gobierno. Y en Sociología. U. Complutense

Diplomado en regímenes políticos latinoamericanos. UNED

Master en Cooperación Internacional. CIDEAL

PhD in the Information and Knowledge Society (ICT4D), (CCI Paris)

"He aquí jóvenes a los cuales aspiramos dispensar la enseñanza, en el seno de marcos que datan de una edad que no reconocen más: edificios, patios de recreo, aulas, campus, bibliotecas, laboratorios, el saber mismo que datan, digo, de otra edad y adaptados a una era donde los hombres y el mundo eran lo que no son más".

Michel Serres, Pulgarcita. 2014

"Dans ce voyage que la science positive nous a fait faire, nous sommes passés de la terre - vécue, intériorisée, la terre des paysans - à la Terre - vue de l'espace, abstraite, la terre des astronautes".

Philosophie - Avril 2014 - Portfolio "Le joyeux Univers Serres"

Copyleft **AELA 2018**

Primera edición 2018

ISBN: 978-1-387-57258-8

Contenido

Avant-propos   10

La Revolución cultural y cognitiva   13

Inteligencia Artificial y Robótica   19

Biotecnología   25

Medicina de precisión   28

Mejora Humana   33

Neurociencia   37

Cambio de Comportamiento   42

Realidad Virtual y Aumentada   47

Internet de las Cosas   54

Impresión en 3D   59

Materiales Avanzados   63

Sensores   67

Cadena de Bloques   70

Drones   73

Seguridad Cibernética   78

Bibliografía y webgrafía   86

Avant-propos

No nos damos cuenta, que no nos damos cuenta

Sea que el vaso este medio lleno o que este medio vacío, esta claro que contiene Agua, contiene Aire, el continente es de arena (Tierra) transformada en cristal por el Fuego.

Los cuatro elementos con los que, según relata Aristóteles, son las cuatro raíces de todas las cosas y con las que Empédocles propondrá que el SER se halla en constante movimiento y postula la doble faceta de los seres, que en un sentido se originan y perecen, y por lo tanto son transitorios, y en otro son eternos, en tanto que están formados por elementos eternos. Aristóteles, agregará el "éter" como quinto elemento - laquintaesencia - que a decir de los científicos del siglo XIX es el medio invisible que llena el universo.

Tomando prestado arbitrariamente el éter de los antiguos, para designarlo como información, cabe preguntar si no será acaso ese vaso medio lleno/vacío una alegoría del ser humano sediento de saber, en un eterno baile que consiste en llenar y vaciar el vaso de esa información/conocimiento. Y entre mas conocimiento ingesta, más sed tiene y por tanto más rápido vuelve a llenar y vaciar en una espiral exponencial sin fin

Esta claro que entre mas dudas despejamos, mas interrogantes abrimos, al punto que en los últimos cincuenta años hemos avanzado tanto o más que el los precedentes quinientos años. Y que el los últimos quinientos años avanzamos en materia de conocimiento más que en los precedentes tres mil años. Se comprueba el crecimiento exponencial de tal empresa, un vaso sin fin.

A estas alturas, hemos llegado a un punto sin retorno, en el que no hay vuelta atrás y en el que ya no somos los mismos. Después de tantos errores, hemos acumulado tanto saber, que hemos cambiado nuestra noción de eso que Heidegger llama Estar en el Mundo (*In-der-Welt-sein*) "la esencia del existir".

Al mundo del *Homo Sapiens* le sucede el mundo del *Homo Digitalis* y esto ha sucedido sin que casi nos diéramos cuanta, lo cierto es que el viejo aforismo de Gramsci "*El viejo mundo se muere. El nuevo tarda en aparecer*". Deberíamos en parte reformularlo. El viejo mundo murió. El nuevo ya apareció. Si bien que en el los —"*claroscuros aun habitan monstruos*". Esta es justo la prueba de fuego que *Homo Digitalis* tendrá que superar para ocupar de pleno derecho "la esencia de su existir".

Es aquí donde entra en juego la información acumulada, el saber de calidad de su predecesor, *Homo Sapiens*, la inventiva, la innovación y su capacidad para rectificar con ingenio. *Homo Digitalis* cuenta con las mejores condiciones para superar el reto, una esperanza de vida mas prolongada, un manejo de la enfermedad, del hambre y de la no violencia, jamás igualados. Y un potencial de conocimiento tan basto que crece exponencialmente a un ritmo inimaginable.

Quedan muchos retos, y errores por reparar, cometidos en el camino que lo ha traído a este estadio. Duro precio a pagar, pero que deberá enfrentar ineluctablemente, ya que de eso dependerá su supervivencia. Por esto la necesidad urgente de una acción climática acelerada que le reconcilie con el planeta.

Homo Digitalis deberá proporcionar la base de la prosperidad y el bienestar de la humanidad -esta vez ya digital-, encontrando soluciones que creen valor social. Deberá obrar con gran diplomacia para gestionar las relaciones entre la gran variedad de actores públicos y privados que participan en la gobernanza de lo "GloLocal" y en la gestión del conocimiento, estas dos ultimas esenciales para asegurar sociedades pacíficas y prósperas, particularmente frente a los desafíos y los cambios geopolíticos; pero también para crear y mantener la participación cívica que influyen en la toma de decisiones a través de su acción colectiva.

Lo que mide el carácter democrático de una sociedad no es la forma de consenso o participación que alcanza; es la calidad de las diferencias que reconoce, que maneja, la intensidad y la profundidad del diálogo entre las experiencias personales y las culturas que son diferentes entre sí y que todas son respuestas, todas específicas y limitadas, a las mismas preguntas generales. Nos recuerda Alain Touraine, en su libro El fin de las sociedades

Pasar de una sociedad del control a una sociedad de la confianza es el cambio de paradigma que está reclamando *Homo Digitalis*. Lograr un buen gobierno del nuevo mundo digital requiere un cambio fundamental en la relación gobierno-ciudadano. *Homo Digitalis* deberá continuar impulsando la innovación en este nuevo mundo en el que todo esta por redefinir, inventar o adaptar. La innovación es la herramienta con que cuenta para convertir las nuevas ideas en valores prácticos para el mundo.

Homo Digitalis tiene rostro joven, hoy representan más de la mitad de la población mundial y tienen un sentido de destino compartido que trasciende las fronteras, un deseo de honestidad, integridad y transparencia, y una disposición natural para con la tecnología. Transformándolos en actores propios quieran o no los antiguos *Sapiens*, quienes deben apostar para que la juventud rezagada se atreva a atreverse.

Homo Digitalis tiene el mundo a sus pies, tienen el poder en sus manos y no necesitan pedir permiso sobre lo que hay que hacer. La sociedad *digitalis* les pertenece. Sin arrogancia, con benevolencia, se ven ya señales en la búsqueda de una nueva espiritualidad en las Startup que en realidad tratan de imaginar una visión unificadora de la sociedad. Y esto no tiene nada que ver con la religión es solo el vehículo que reviste una búsqueda de una espiritualidad vital que lleva a un nuevo modelo de manera íntima y consciente.

"La retórica deliberativa puede cautivar al público mientras estimula el juicio razonado. En otras palabras, la buena retórica alienta a la gente a pensar, les ayuda a percibir las cosas de manera diferente, transmite información y conocimiento y aumenta su capacidad de reflexión". Nos recuerda Habermas

La Revolución Cognitiva, Cultural y Tecnológica es en última instancia, eso, una interiorización de la responsabilidad que tendremos que tomar de manera inevitable, porque en un mundo postmoderno la sociedad va a tener que escribir su propio guión y no puede esperar que un hombre providencial, no puede esperar un presidente, no puede esperar que un CEO omnisciente encontrará la solución a esta búsqueda.

En *Homo Digitalis* existe ya esa responsabilidad espiritual, en el sentido personal de anclaje para encontrar esas respuestas, antes de poder ofrecer las respuestas a los demás. Transformaciones individuales, información psicológica interna, subjetiva, para transformaciones colectivas, para relaciones y transformaciones objetivas. Una especie de retroalimentación entre las dos causalidades recíprocas que ya no podremos separar en esos, los dos mundos; el viejo analógico mundo, como el nuevo mundo *Digitalis*.

En este sentido, he aquí este colorarlo con algunos imaginarios que debemos recordar en este presente-futuro cercano. Valido para la memoria de los dos Homos. Los quince ítems seleccionados impactaran ciento treinta materias, de forma definitiva e irreversible. Las trasformara y estas, a su vez, contribuirán al cambio en unas doscientas noventa y ocho temáticas globales. Campos que van desde la agricultura, la banca y el mercado de capitales, la energía, el desarrollo humano y el desarrollo sostenible. Pasando por la salud, la migración, las empresas, las formas de gobierno. Hasta el arte, el medio ambiente, la Ingeniería o el comercio.

Sin duda es un nuevo mundo y este pequeño listado pretende recordarnos y entrever la gran potencialidad, algunos de sus riesgos, pero ante todo, los grandes interrogantes que se abren con esta Revolución Cognitiva, Cultural y Tecnológica, e intentar darnos cuenta de la gran responsabilidad que tenemos al asumir como seres humanos en nuestra nueva condición de *Homo Digitalis* y qué elecciones sociales vamos a hacer.

Sabemos que una parte de esa nueva realidad se nos escapa, pero eso mismo es lo nos impulsa a adquirir conocimiento. Ya lo decía Sócrates "El conocimiento empieza en el asombro"

Sabemos de la finitud, pero también de lo eterno. En dónde queramos posicionarnos, es una cuestión de imaginación. Al fin y al cabo "todos somos astronautas desterritorializados" dice Michel Serres. "Y es posible que al cabo de este trayecto, recobremos la distancia de un sagrado bajo una forma reinventada".

Sirva pues esta guía para asombrarnos, para darnos cuenta de que nos damos cuenta, que en definitiva, es una toma de conciencia.

Serge G Laurens

Lyon 15 de febrero de 2018

Ítem 1

La Revolución cultural y cognitiva

La Revolución Cognitiva, Cultural y Tecnológica representa un cambio fundamental en la forma en que vivimos, trabajamos y nos relacionamos unos con otros. Es un nuevo capítulo en desarrollo humano, habilitado por extraordinarios avances tecnológicos acordes con los de la primera, segunda y tercera revoluciones industriales. Estos avances están fusionando los mundos físico, digital y biológico de maneras que crean una gran promesa y un peligro potencial. La velocidad, amplitud y profundidad de esta revolución nos obliga a reconsiderar cómo se desarrollan los países, cómo las organizaciones crean valor e incluso lo que significa ser humano. La Revolución Cognitiva, Cultural y Tecnológica es algo más que un cambio impulsado por la tecnología; es una oportunidad para ayudar a todos, incluidos los líderes, los responsables políticos y las personas de todos los grupos de ingresos y naciones, a aprovechar las tecnologías convergentes para crear un futuro inclusivo y centrado en el ser humano. La verdadera oportunidad es mirar más allá de la tecnología y encontrar la manera de darle al mayor número de personas la posibilidad de impactar positivamente en sus familias, organizaciones y comunidades.

Gobernanza ágil

Las nuevas tecnologías están superando los marcos regulatorios

Las tecnologías de la Revolución Cognitiva, Cultural e Industrial pueden ser aprovechadas por los gobiernos para gobernar mejor, ser más accesibles y aumentar la transparencia y la confianza, sin mencionar un mejor seguimiento de los activos públicos. Sin embargo, también crean desafíos de gobernabilidad, ya que los avances tecnológicos en algunos casos amenazan el contrato social entre el gobierno y la ciudadanía.

Los gobiernos se verán obligados a cambiar su enfoque en lo que respecta a la creación y aplicación de la regulación, y a crear nuevos instrumentos para hacer frente a la expansión de las nuevas tecnologías. La gobernanza ágil significará que los gobiernos encuentren formas de reinventarse a sí mismos para comprender mejor lo que regulan. Se necesitará una estrecha colaboración con las empresas y la sociedad civil para que eso suceda.

Volverse más ágil no debe ser un proceso frenético e interminable para los responsables de las políticas, creando incertidumbre. Lo que se necesita no es necesariamente más, o una política más rápida, sino entornos normativos y legislativos que fomenten la resiliencia a la incertidumbre de los cambios sociales, económicos y tecnológicos. La clave será hacer que la deliberación sea más productiva de lo que es ahora, y crear la mayor cantidad de espacio posible para la innovación futura.

Poner en práctica una gobernanza ágil implicará comprender los modelos existentes y cómo operan en contextos sociales y políticos específicos, buscar oportunidades para aprovechar nuevas tecnologías y procesos que puedan eliminar los cuellos de botella en esos modelos. Se requerirá una mayor eficiencia y eficacia de las consultas, una mayor transparencia y una mayor flexibilidad por parte de los reguladores. Una gobernanza verdaderamente ágil debería tener en cuenta cómo las nuevas tecnologías afectan los mercados de trabajo, dinero e impuestos, responsabilidad civil, seguridad, privacidad e inclusión, al mismo tiempo que evalúan formas de eliminar los desequilibrios de poder.

Innovación y productividad

El impacto de las nuevas tecnologías en la productividad no está siendo utilizado por las herramientas tradicionales

La productividad en todo el mundo durante la última década ha disminuido o ha sido lenta, a pesar de los aumentos exponenciales en el progreso tecnológico y la inversión en innovación. En su libro de 2016 The Rise and Fall of American Growth, el economista Robert Gordon argumenta que esta desconexión entre innovación y productividad se debe a que las innovaciones actuales son intrínsecamente menos beneficiosas para una economía que los desarrollos dramáticos de revoluciones industriales pasadas, que renovó los sistemas completos de saneamiento, energía y transporte.

Sin embargo, también es posible que el impacto de La Revolución Cognitiva, Cultural y Tecnológica sobre la productividad aún no se haya manifestado plenamente, porque está aumentando la eficiencia en áreas que no se pueden medir con precisión de manera tradicional. Muchos nuevos bienes y servicios no son rivales, lo que significa que pueden repetirse una y otra vez sin generar más costos, o tienen un costo marginal cero para comenzar, o usan plataformas digitales para bajar los precios en mercados altamente competitivos. Bajo estas condiciones, las estadísticas de productividad tradicionales pueden no capturar incrementos reales en el valor, dado que cualquier beneficio de precio relacionado para los consumidores no se refleja bien en las cifras de ventas o ganancias de una compañía.

Otra posible explicación: el mundo aún no ha experimentado por completo la explosión de productividad creada por las nuevas tecnologías en el corazón de La Revolución Cognitiva, Cultural y Tecnológica. Esta revolución aún no ha llegado a muchos de los dos mil millones de personas aún desconectadas de la economía global, que en última instancia se beneficiarán más de ella. Muchas de las tecnologías y procesos que se están creando para ayudar a administrar mejor las externalidades negativas, como el impacto ambiental, aún no se han implementado ampliamente.

Como aún estamos en el comienzo de La Revolución Cognitiva, Cultural y Tecnológica, pocas organizaciones se han reorganizado hasta ahora para aprovecharla al máximo. Al igual que con la revolución digital y revoluciones industriales previas, aprovechar el beneficio completo de la Nueva Revolución puede llevar tiempo y requerir nuevas formas de organización, nuevas habilidades y una nueva mentalidad para la sociedad civil.

Fusión de tecnologías

La colaboración entre disciplinas está abriendo nuevas fronteras

La Revolución Cognitiva, Cultural y Tecnológica se distingue por la forma en que se construye a partir de una fusión de tecnologías, y de una creciente armonización e integración de disciplinas de investigación. Casi todos los nuevos desarrollos en cualquier campo ahora aprovechan la capacidad digital. La edición del genoma de precisión, por ejemplo, no podría haber sucedido sin aumentos recientes en el poder de cómputo y el análisis de datos. Del mismo modo, los robots avanzados no existirían sin nuevos enfoques de la inteligencia artificial (AI) que dependen de los sistemas digitales y el poder de procesamiento. El mundo físico y digital también colisiona en campos como los vehículos autónomos y la impresión 3D.

Los avances en los sensores permiten a los robots y sistemas autónomos comprender y responder mejor a sus entornos, y participar en una variedad más amplia de tareas más allá de los entornos de fabricación en los que han prevalecido. Estos sistemas ahora pueden acceder a la información de forma remota a través de la nube y conectarse entre sí para intercambiar información y aprender de forma colectiva. A medida que la próxima generación de robots surge como un elemento de la llamada Internet de las cosas, se pone cada vez más énfasis en la colaboración humano-máquina.

Los mundos físico y biológico se están fusionando en parte gracias a la creación de nuevos materiales diseñados para emular el mundo biológico. El reciente descubrimiento de nuevas clases de polímeros termoendurecibles reciclables llamados polihexahidrotriazinas es un paso importante hacia una economía más sostenible. Nuevos materiales también se utilizan de forma rutinaria en implantes médicos, para ingeniería de tejidos y para la

14

creación de órganos artificiales. Estos utilizan cada vez más la impresión 3D para crear estructuras personalizadas.

Los mundos biológico y digital se superponen de forma más controvertida en el mundo de la ingeniería genética. Los sistemas de edición y secuenciación de genes, ampliamente accesibles y asequibles, como CRISPR / Cas9, permiten eliminar o reemplazar de manera confiable y precisa secuencias en el genoma de plantas y animales. Los mundos biológico y digital también se superponen en forma de sensores utilizados para controlar la salud y el comportamiento personal, y para comprender e influir en la actividad cerebral.

Los avances que alguna vez se limitaron a los sistemas digitales, como la aplicación de la criptografía a la tecnología blockchain para crear registros programables, seguros y distribuidos, ahora tienen un gran impacto en el mundo real. Blockchain, mejor conocido como la base de la moneda virtual de Bitcoin, podría, por ejemplo, proporcionar formas de administrar los registros de tierras, transferir participaciones y rastrear la deforestación.

Disrupción empresarial

Los cimientos de los negocios tal como los conocemos están siendo desafiados

Como resultado de La Revolución Cognitiva, Cultural y Tecnológica, la relación entre las empresas y sus ciudadanos está cambiando de modelo, siempre conectado impulsado por la ubicuidad de la comunicación móvil. En enero de 2016, el servicio de comunicación móvil WhatsApp informó que sus usuarios se enviaban entre sí 42 mil millones de mensajes cada día; cuando el gigante chino del comercio por Internet Alibaba Group organizó un "Día de los solteros" en 2015, generó $ 14 mil millones en transacciones en línea únicamente en China, con un 68% de esas ventas completadas a través de un dispositivo móvil. Y los lugares donde la conectividad se ha rezagado se están poniendo al día. La Asociación GSM espera que África subsahariana agregue 240 millones de usuarios de Internet móvil entre 2018 y 2020.

Las empresas también deberán comprender las formas en que los productos pueden tener un valor digital mejorado. El fabricante de automóviles eléctricos Tesla, por ejemplo, ha implementado actualizaciones de software por aire que ayudan a mantener el valor de sus automóviles después de que han sido adquiridos. Además, se pueden crear nuevas oportunidades para valorar los servicios. Los análisis se pueden usar para medir el rendimiento real de un servicio a lo largo del tiempo, por ejemplo, para mejorar la precisión de los precios.

La Revolución Cognitiva, Cultural y Tecnológica también está impulsando nuevas formas de colaboración. Las empresas largamente establecidas a menudo carecen de las habilidades requeridas y la sensibilidad a las necesidades cambiantes de los ciudadanos. Mientras tanto, las empresas más jóvenes y dinámicas necesitan el capital y los datos que disfrutan sus contrapartes más establecidas.

Esto es lo que se desprende de la Innovación colaborativa: Transformar empresas, impulsar el crecimiento, cuando las empresas comparten recursos a través de la innovación colaborativa, puede crear un valor significativo tanto para las partes como para las economías más amplias.

Sin embargo, estas colaboraciones requieren socios apropiados, una inversión importante, canales de comunicación establecidos, procesos alineados y la capacidad de responder de manera flexible a las condiciones cambiantes.

Al considerar nuevas alianzas, las organizaciones pivotarán cada vez más para abrir modelos operativos que puedan capitalizar los efectos de red de la digitalización. Un modelo que ha demostrado ser tan perjudicial como rentable es la denominada estrategia de plataforma, diseñada para ampliar la influencia alentando a los compañeros a construir sobre las herramientas y la infraestructura establecidas de una empresa.

Los modelos frugales centrados en el ciudadano pueden utilizar la interacción de los ámbitos digital, físico y humano para abrir nuevas formas de optimización. Los modelos basados en datos crean nuevas fuentes de ingresos a partir de sus valiosos datos de ciudadanos, y cada vez más se basan en análisis y software para desbloquear información relacionada. Independientemente del modelo que elijan, las organizaciones que se centran en ser flexibles y abiertas pueden posicionarse dentro de un ecosistema fluido de creación de valor, a la vez que reducen los costos y hacen un uso más eficiente de la energía y la automatización.

Ética e identidad

Las innovaciones están redefiniendo lo que significa ser humano

Las innovaciones desencadenadas por La Revolución Cognitiva, Cultural y Tecnológica, en disciplinas como la biotecnología y la inteligencia artificial, están redefiniendo lo que significa ser humano al superar los límites de la esperanza de vida, la salud, la cognición y otras capacidades. A medida que el conocimiento progresa y se hacen nuevos descubrimientos, una discusión moral y ética relacionada es crítica para que las personas respondan mejor a fenómenos como la extensión de la vida, los llamados bebes de diseño y la extracción de memoria.

El dominio biológico plantea una serie de desafíos éticos en lo que respecta a la regulación y las normas sociales. Las nuevas tecnologías plantean preguntas sobre lo que significa ser humano, qué información sobre la salud personal se debe compartir y qué derechos y responsabilidades tenemos con respecto a la alteración del código genético de las generaciones futuras. Es probable que surjan muchas otras preguntas con respecto al aumento humano, tambien a cómo las sociedades deberían tratar con máquinas que tienen cualidades humanas y la capacidad de tomar decisiones de vida o muerte de forma autónoma. La privacidad relacionada, la seguridad de los datos y los problemas de identidad son cada vez más importantes para los responsables de la formulación de políticas, los reguladores y las empresas.

También existe una creciente preocupación de que, a medida que La Revolución Cognitiva, Cultural y Tecnológica profundice nuestras relaciones individuales y colectivas con la tecnología, pueda afectar negativamente las habilidades sociales, como la capacidad de empatizar. Ya vemos que esto sucede. Un estudio de 2010 realizado por el Instituto de Investigación Social de la Universidad de Michigan identificó una disminución de casi el 40% en la empatía entre los estudiantes universitarios en comparación con sus contrapartes 20 o 30 años antes. La mayor parte de esa disminución se produjo después del año 2000. Según una encuesta de Harris Poll de febrero de 2016, el 61% de los millennials estadounidenses nunca se desconectan. Como la interacción cara a cara se ve superada por la interacción en línea, existe el temor de que toda una generación de jóvenes tenga dificultades para escuchar, mirar a los ojos o leer el lenguaje corporal.

Para combatir estos desafíos, existe la necesidad de garantizar que La Revolución Cognitiva, Cultural y Tecnológica no fomente el individualismo y la humanidad, y sea una fuerza de empoderamiento que fomente la tecnología como una herramienta hecha por las personas y para las personas. Las personas y las organizaciones deben asumir la responsabilidad colectiva de crear un futuro donde la innovación y la tecnología se centren en servir al interés público.

Desigualdad

Las nuevas tecnologías están profundizando las desigualdades

El empeoramiento de la desigualdad y el correspondiente impacto negativo en la estabilidad social es uno de los mayores riesgos potenciales asociados con La Revolución Cognitiva, Cultural y Tecnológica. Si bien las nuevas tecnologías pueden democratizar el acceso al empleo y las oportunidades empresariales, por no mencionar la educación y el conocimiento, la tendencia de las nuevas plataformas tecnológicas mundiales a dominar los mercados donde el ganador se lleva todo puede exacerbar la desigualdad y la fragmentación social.

Según el Global Wealth Report publicado por el banco suizo Credit Suisse, la mitad de todos los activos en el mundo estaban controlados por el 1% más rico de la población mundial, mientras que la mitad inferior de la población tenía menos del 1% de toda la riqueza. Para los países miembros de la Organización para la Cooperación y el Desarrollo Económicos, a partir de 2011, el ingreso promedio del 10% de la población más rica era aproximadamente nueve veces mayor que el 10% más pobre. La desigualdad en la mayoría de los países está empeorando, incluso en lugares que han disfrutado de un rápido crecimiento económico entre los grupos de ingresos y una disminución de la pobreza.

El aumento de la desigualdad es una preocupación económica y social. En su libro de 2009 The Spirit Level: Why Greater Equality Makes Societies Stronger, los epidemiólogos británicos Richard Wilkinson y Kate Pickett publicaron datos que indican que las sociedades desiguales tienden a ser más violentas, tienen un mayor número de ciudadanos encarcelados, experimentan mayores niveles de enfermedades mentales y obesidad y tienen menores expectativas de vida. Las sociedades más equitativas, por su parte, tienen niveles más altos de bienestar infantil, menores niveles de estrés, menor consumo de drogas y menores tasas de mortalidad infantil.

Existen fuertes interconexiones entre la creciente disparidad de ingresos, el desempleo o el subempleo y la profunda inestabilidad social. Un mundo más conectado genera mayores expectativas y puede generar un riesgo social significativo si las personas sienten que no tienen la posibilidad de alcanzar la prosperidad.

Si La Revolución Cognitiva, Cultural y Tecnológica resulta en una mayor exclusión social, puede hacer que sea más difícil encontrar significado en el mundo post-moderno y crear un mayor desencanto con lo que se percibe, como las élites establecidas y las estructuras de poder. Esto podría motivar aún más a los movimientos extremistas y aumentar sus esfuerzos de reclutamiento.

Seguridad y conflicto

La Revolución Cognitiva, Cultural y Tecnológica está cambiando la naturaleza del conflicto

La Revolución Cognitiva, Cultural y Tecnológica afectará la escala y el carácter del conflicto. Ya, las distinciones entre guerra y paz, y entre combatientes y no combatientes, se vuelven borrosas. Mientras tanto, las nuevas tecnologías están haciendo que el campo de batalla sea cada vez más local y global. Grupos como Da'esh (también conocido como el "Estado Islámico de Irak y al-Sham" o ISIS) operan principalmente en del Medio Oriente. Pero también pueden reclutar combatientes de cientos de países diferentes, principalmente a través de las redes sociales, extendiendo el alcance de sus ataques terroristas alrededor del mundo. Por lo tanto, el conflicto moderno es cada vez más híbrido por naturaleza, combinando técnicas tradicionales del campo de batalla con elementos previamente asociados con actores armados no estatales.

Internet se está convirtiendo en un teatro de combate como la tierra, el mar y el aire. Es casi inevitable que el conflicto futuro entre actores razonablemente avanzados incluya una dimensión en línea, simplemente porque ningún oponente es capaz de resistir la tentación de interrumpir, confundir o destruir las capacidades de comunicación y toma de decisiones de su enemigo. Esto no solo reducirá el umbral de lo que constituye una guerra, sino que también desdibujará la distinción entre guerra y paz; cualquier red o dispositivo conectado, desde sistemas militares hasta infraestructura civil como redes eléctricas o suministros de agua, puede ser pirateada y atacada. El concepto tradicional de un adversario también se ve afectado.

La guerra autónoma que involucra el despliegue de robots militares y armamento con inteligencia artificial, o robo-war, jugará un papel transformador en conflictos futuros. También es probable que el fondo del océano y el espacio se militaricen cada vez más a medida que más actores, tanto gubernamentales como comerciales, adquieran la capacidad de lanzar satélites y movilizar vehículos submarinos no tripulados capaces de interrumpir las comunicaciones como las que se transportan por cables de fibra óptica. Las bandas criminales ya están usando drones cuadricoptero listos para usar para espiar y atacar a sus rivales. Las armas autónomas que son capaces de identificar objetivos y decidir abrir fuego sin intervención humana serán cada vez más factibles, desafiando las reglas del conflicto armado.

Mientras que las neurotecnologías que pueden interactuar con un cerebro humano, como las Neuroprótesis, que se están empleando actualmente para resolver problemas médicos, en el futuro podrían tener usos militares. Un sistema informático conectado al tejido cerebral podría permitir a un paciente paralizado controlar una extremidad robótica, pero también podría usarse para dirigir a un soldado biónico. Otro escenario posible: dispositivos cerebrales para tratar el Alzheimer podrían implantarse estratégicamente en soldados para borrar recuerdos o crear otros nuevos.

Gobernar la seguridad y la guerra en La Revolución Cognitiva, Cultural y Tecnológica es tan complejo como las tecnologías que impulsan la revolución. Las partes interesadas involucradas deberán cooperar en formas nuevas y más integrales para controlar desarrollos potencialmente dañinos. Idealmente, esto puede hacerse sin obstaculizar la investigación, la innovación y el crecimiento económico.

Perturbación a empleos y habilidades

La Revolución Cognitiva, Cultural y Tecnológica está cambiando los roles del trabajo y los conjuntos de habilidades

A medida que se rompen los modelos comerciales, el panorama laboral se ve profundamente afectado. El resultado será una importante creación de empleo y desplazamiento laboral, además de una mayor productividad laboral y la ampliación de las brechas entre las habilidades que los empleadores necesitan y las que los potenciales empleados pueden ofrecer.

Durante las revoluciones industriales anteriores, se requirió décadas para adaptarse mediante la construcción de los sistemas de capacitación y las instituciones del mercado laboral necesarias para desarrollar nuevas habilidades a gran escala. Dado el ritmo más rápido y la escala más amplia de irrupción provocada por La Revolución Cognitiva, Cultural y Tecnológica, un interludio como ese puede no ser una opción esta vez.

El informe "Future of Jobs" del Foro Económico Mundial postula que pueden surgir desajustes no solo entre la oferta actual y la demanda de habilidades, sino también entre las habilidades contemporáneas y las que se requerirán en el futuro. Cerrar esa brecha requerirá una comprensión sólida de la base de habilidades existente en un país o industria en particular, y de cómo el cambio disruptivo dictará nuevos requisitos de habilidades.

A pesar de las preocupaciones sobre el alto desempleo en gran parte del mundo, los desajustes y las brechas en los sistemas educativos existentes están obstaculizando la redistribución efectiva del talento subutilizado y latente, con un gran costo humano y económico. Los trabajadores deben ser reutilizados, en todas las industrias y con las habilidades requeridas en los campos de más rápido crecimiento. De acuerdo con el Informe de Capital Humano 2017, las calificaciones formales por sí solas a menudo carecen de significado, y un solo título de trabajo puede implicar habilidades requeridas muy diferentes en diferentes industrias y lugares.

Se requieren estrategias proactivas de gestión del talento, así como un diálogo y una colaboración sostenidos entre las empresas, los gobiernos, los proveedores de educación y la sociedad civil. A medida que se transforma el lugar y la forma de trabajo, se generarán nuevos desafíos administrativos y normativos. En este mercado laboral en rápida evolución, prepararse para el futuro es cada vez más crítico para aprovechar las oportunidades y mitigar los resultados no deseados.

Ítem 2

Inteligencia Artificial y Robótica

Los robots alguna vez se usaron solo para trabajos aburridos y difíciles, confinados a ubicaciones aisladas y plantas de fábrica. Hoy en día, los robots se encuentran en todas partes, tanto dentro como fuera de nuestros hogares. Algunos son drones, otros son autos autónomos, y aún más son humanoides sorprendentemente realistas. Ahora están listos para ser más sociables, son lo suficientemente inteligentes como para moverse sin tropezarse con los objetos y pueden mezclarse en las multitudes. Incrustados con sensores y motores, algunos de los últimos humanoides pueden saltar sobre el " uncanny valley " al convencernos de que son realmente humanos, al menos hasta que comencemos a hablar con "él" o "ella" (aunque eso también puede cambiar pronto). La robótica y la inteligencia artificial en general están realmente en el epicentro de La Revolución Cognitiva, Cultural y Tecnológica.

Sensores inteligentes y robótica autónoma

Los nuevos desarrollos plantean cuestiones éticas

Las criaturas vivientes reciben datos sobre el mundo a través de sentidos como la visión y el olfato, y los investigadores en los campos de la robótica y la informática están tratando de dar a las máquinas la capacidad de adquirir estos datos de manera similar. El resultado final podría ser máquinas que pueden adaptarse de forma autónoma a las circunstancias, a medida que cambian sus entornos.

Mientras tanto, pequeños sensores en combinación con redes inalámbricas han habilitado el llamado Internet de las cosas y la posibilidad de que las máquinas nos controlen sin saberlo.

La existencia de robots autónomos plantea algunas preguntas fundamentales sobre cuánta libertad deberían recibir. La guerra moderna, por ejemplo, involucra una gran cantidad de sistemas de armas automáticas, como misiles de crucero, que cada día se vuelven más inteligentes a medida que realizan tareas como la identificación automática de objetivos.

Algunos argumentan que los humanos deberían conservar la responsabilidad final del uso de tales tecnologías. Pero los humanos pueden ser poco confiables, la larga historia de incidentes de fuego amigo atestigua esto. Por lo tanto, otros argumentan que un algoritmo puede hacer un mejor trabajo cuando se trata de identificar objetivos. Según el argumento, un operador humano sufre de una limitada conciencia situacional debido a una entrada sensorial relativamente menor.

Las discusiones futuras sobre sensores y máquinas autónomas deberían comenzar no solo con una comprensión precisa de la tecnología subyacente, sino también de los aspectos legales y éticos relacionados.

Cooperación y coordinación de las máquinas

Los robots están siendo programados cada vez más para trabajar con otros robots y con humanos

Hay campos enteros de investigación centrados en permitir que los robots cooperen. Si se necesitan robots fuera de entornos controlados, como plantas de fábrica, por ejemplo, deben poder adaptarse rápidamente a su entorno y trabajar con otros robots y con humanos. Los sensores visuales ayudan a las máquinas a comprender entornos complejos, mientras que la inteligencia artificial les ayuda a comprender los gestos humanos, las expresiones faciales e incluso las intenciones. Uno de los precursores en esta área es Baxter, un robot desarrollado para ser fácilmente enseñado en nuevas tareas gracias al procesamiento del lenguaje natural y la síntesis utilizando el llamado aprendizaje profundo. Esta variedad de robot se puede comunicar fácilmente con el uso de comandos de voz, y se puede enseñar visualmente de una manera que es mucho más rápida que el método tradicional de ingresar comandos en un dispositivo de mano.

Los robots pueden ser particularmente útiles como compañeros. Sus potentes procesadores y sensores avanzados les permiten reconocer rostros, comprender los comandos de voz y hacer algunos trucos ingeniosos. Alexa y Google Home de Amazon son ejemplos de robots de compañía, como Jibo, desarrollado en el Instituto de Tecnología de Massachusetts, y Pepper, un robot humanoide de SoftBank.

En los últimos años, los robots incluso han comenzado a competir entre sí en los juegos de fútbol, al adaptar de forma autónoma estrategias ofensivas y defensivas. Una de las mayores ventajas que tienen los robots es la capacidad de las comunicaciones de alta velocidad. Mientras que un humano típico puede hablar de 130 a 200 palabras por minuto, lo que se traduciría en decenas de bytes por segundo, los robots pueden comunicarse tan rápido como un gigabyte (mil millones de bytes) por segundo. Los grupos de robots pueden trabajar juntos en forma inalámbrica incluso cuando están separados por grandes distancias, sincronizados por tecnología GPS con un alto grado de precisión.

La velocidad extrema de cálculo (más de un billón de operaciones por segundo) puede permitir que las máquinas cooperen independientemente del tamaño de su agrupación o distancia, haciendo que los humanos sean mucho menos competitivos cuando se trata de muchos trabajos. Si bien los servidores de datos ya han dejado obsoletos muchos archivos y bibliotecas tradicionales, los robots, al igual que los servidores de datos que pueden moverse y comportarse de forma autónoma, prometen impactar en nuestras vidas diarias más allá de la imaginación de cualquier persona.

Transporte autónomo

Se eliminan algunos riesgos, pero no todos

Los aviones no tripulados y los autos autónomos son los medios más destacados de transporte en el futuro. Originalmente inventados para misiones militares, los grandes drones están casi listos para su uso general. Las principales preguntas que deben responderse antes del despliegue completo se relacionan con la seguridad. Se espera que los aviones no tripulados se integren en el espacio aéreo civil después de 2020, cuando la Organización de Aviación Civil Internacional tenga las normas y reglamentos para su funcionamiento en todo el mundo. Mientras tanto, los drones más pequeños ya están ganando popularidad para aplicaciones como la entrega de paquetes y la fotografía aérea, gracias a su menor costo de operación y menor riesgo en caso de falla.

Agencias como la Administración Nacional de Aeronáutica y del Espacio (NASA) están desarrollando un nuevo sistema de gestión del tráfico de drones. Una vez que se ponga en marcha, podremos ver multitudes de aviones no tripulados en el cielo que se asemejan a escenas de una película de ciencia ficción. Se espera que estas máquinas voladoras creen nuevas oportunidades de trabajo en algunos casos en que no se puedan utilizar aeronaves convencionales, y que les quiten otros trabajos como los que ahora tienen los pilotos.

Los autos autónomos, a diferencia de los drones, aún no están listos para la acción en horario estelar. El desafío clave aquí es que los autos autónomos puedan evitar choques en carreteras peligrosas. La inteligencia artificial integrada en los vehículos sopesa el riesgo de dañar a un pasajero contra el daño potencial al automóvil y el riesgo de herir o matar a los peatones. Los últimos autos sin conductor están equipados con una variedad de sensores que pueden ver en la oscuridad nocturna y escanear entornos más de 10 veces por segundo, con una precisión extrema. Sus cerebros son computadoras de última generación que pueden hacer billones de cálculos por segundo y comunicarse con otros autos y con la nube para recibir las últimas actualizaciones de tráfico.

Los accidentes son inevitables, pero los resultados no lo son. Mucho dependerá del juicio humano, en lugar de la ingeniería. Los automóviles que se conducen a sí mismos calculan un camino óptimo detectando el entorno y prediciendo el movimiento y la ruta de los obstáculos. El riesgo de colisión se representa como un costo, y hay cálculos elaborados para minimizarlo. En combinación con factores como las leyes de tránsito, la eficiencia del combustible y la comodidad de los pasajeros, la posibilidad de una colisión se evalúa y prioriza para calcular un camino. Durante este proceso, en la inteligencia artificial se ve la vida humana como un costo en sus cálculos. Pero es muy difícil representar el valor de las vidas humanas como una función de costos en una ecuación matemática. Y no importa cuán sofisticada sea la inteligencia artificial a bordo, es muy difícil evaluar cuánto daño colateral causará una colisión potencial más allá del impacto.

Se anticipa una mayor evolución ya que los drones finalmente se vuelven lo suficientemente seguros como para transportar pasajeros humanos. La empresa china Beijing Yi-Hang Creation Science and Technology Company ya desarrolló EHang, un avión de pasajeros que parece un avión no tripulado de gran tamaño. En 2016, Airbus anunció planes para un taxi aéreo autónomo. Más tarde ese año, Uber anunció sus propios planes para un taxi aéreo autónomo. Si bien se han realizado muchos intentos para desarrollar un automóvil que pueda convertirse en un avión, todos ellos han requerido conductores que posean una licencia de piloto. Un taxi aéreo autónomo sería diferente: un pasajero no necesitaría tener ningún conocimiento especial, y solo tendría que proporcionar un destino.

Cuando a los drones y automóviles autónomos se les concede el mismo derecho de paso en el espacio aéreo civil y en las carreteras, se suscitará una pregunta interesante: ¿se debería otorgar a los trabajadores robóticos iguales privilegios en el trabajo, similares a los humanos? ¿Privilegios que los protegen de la discriminación, por ejemplo? Todavía no está claro si alguna vez habrá tal declaración de derechos para los robots.

Aprendizaje de máquinas y sistemas predictivos

Cada vez es más fácil reconocer patrones en grandes conjuntos de datos en evolución

El aprendizaje automático implica la creación de algoritmos que pueden reconocer patrones en conjuntos de datos grandes y en evolución, y extraer conclusiones de la experiencia pasada con esos datos, a fin de hacer que las máquinas sean más inteligentes. Cuando las personas se refieren a la "inteligencia artificial", a menudo se refieren al aprendizaje automático. Entre los ejemplos de tecnologías que lo utilizan se incluyen los motores de búsqueda de Internet, los filtros de correo no deseado y los autos sin conductor.

Recientemente, un aspecto del aprendizaje automático conocido como "algoritmos de aprendizaje profundo" ha recibido mucha atención. Esto se debe a que los avances en el poder de cómputo y la gran cantidad de datos a gran escala, conocidos como macrodatos, han llevado a algoritmos basados en el aprendizaje profundo a ser más rápidos y precisos que el ojo humano. En 2015, DeepMind, una firma con sede en el Reino Unido que comparte una compañía matriz con Google, puso el poder de tales algoritmos en la pantalla cuando enfrentó a su programa informático AlphaGo contra un jugador humano especialista del juego de mesa Go. El programa de computadora ganó.

Se espera que el aprendizaje automático tenga un profundo impacto en el mercado de trabajo. Los expertos predicen que los trabajos menores y profesionales serán asumidos por computadoras y robots equipados con algoritmos de aprendizaje. Las ventajas potenciales son claras: una vez que las máquinas aprenden, nunca se olvidan; un patrón de aprendizaje puede ser copiado eficientemente de una máquina a otra; y el aprendizaje se puede hacer de forma paralela para mejorar y compartir. Por ejemplo, si una unidad domina el arte de la conducción, ese patrón de aprendizaje se puede copiar en millones de otros coches en muy poco tiempo; los automóviles conectados a través de una red pueden compartir continuamente experiencias para mejorar el rendimiento general. Los humanos, por otro lado, toman mucho tiempo para aprender. Sus experiencias no se pueden compartir de la misma manera, y el conocimiento y la experiencia individual perecen al morir.

Robots en el trabajo

Los sustitutos de robots se usan cada vez más para trabajos peligrosos y entornos extremos

Los robots se han utilizado durante mucho tiempo en las fábricas para soldar y pintar. Ahora, también están haciendo hamburguesas ordenadas a medida, navegando a través de abarrotados vestíbulos de hoteles, viajando en los ascensores y entregando servicio a la habitación. Amazon ha estado a la vanguardia de la introducción de robots en nuestra vida cotidiana, con mercados libres de empleados que permiten a los compradores simplemente seleccionar productos que se pagan automáticamente a través de tarjetas de crédito, sistemas automáticos de manejo de mercancías que eliminan la necesidad de algunos trabajadores humanos.

Los robots también permiten la exploración humana, explorando las profundidades del fondo del océano, los extremos del espacio profundo, la luna y los asteroides. Los últimos robots listos para usar en el espacio aparecen en forma humanoide, y pueden trabajar lado a lado con los astronautas en la Estación Espacial Internacional, y realizar reparaciones en el vacío del espacio sin un traje espacial. Equipos estadounidenses y rusos están trabajando actualmente en robo-astronautas que pueden explorar otros planetas.

Los robots también se están desarrollando para realizar trabajos cruciales durante las crisis humanitarias. Por ejemplo, la Agencia de Proyectos de Investigación Avanzada de Defensa (DARPA) Robotics Challenge está desarrollando robots que habrían sido capaces de salvar vidas durante el desastre nuclear de Fukushima en Japón en 2011. Otros robots en desarrollo podrán realizar trabajos peligrosos de minería profunda, trabajar con sustancias tóxicas y limpiar y mantener las alcantarillas.

Los drones en particular son robots que han capturado la imaginación popular, a la vez que se han convertido en una opción popular para la fotografía aérea. Mientras que Amazon y Google apuntan a utilizar la tecnología de drones para entregar paquetes en áreas escasamente pobladas, el minorista en línea japonés Rakuten realizó la primera entrega comercial con drones comerciales en un campo de golf en marzo de 2016.

De manera menos dramática, los robots usan un cerebro electrónico ubicado en la nube para convertirse en nuestros mayordomos confiables, escuchando en silencio y fielmente las consultas sobre el tráfico, el clima y si pueden encender el aire acondicionado.

Los robots de la próxima generación realizarán tareas que requieren una toma de decisiones aún más compleja, con la ayuda de una potencia de cómputo continuamente creciente. En enero de 2016, la empresa Nvidia presentó una supercomputadora capaz de hasta 24 billones de operaciones por segundo, igual a la potencia de 150 computadoras portátiles MacBook Pro. Esto puede permitir que un automóvil aprenda a conducir solo, a través del llamado aprendizaje de refuerzo, en lugar del enfoque convencional de encontrar un camino seguro mediante el uso de la optimización en tiempo real.

La inteligencia artificial y los robots no solo realizarán trabajo físico. Los ordenadores ya están realizando tareas críticas, como la lectura de rayos X y las imágenes de resonancia magnética (MRI).

Descubrir nuevos medicamentos incluso podría ser una posibilidad, un día; después de todo, la inteligencia artificial ya está ayudando a dispensar asesoramiento financiero a muchas personas, con considerable precisión y velocidad.

Ética y valores

La inteligencia artificial plantea nuevas cuestiones éticas en todas las facetas de la vida, incluida la guerra

Muchos sistemas robóticos equipados con inteligencia artificial no representan un riesgo inmediato, si algo sale mal. Pero otros se abren paso en sistemas críticos de seguridad y militares.

La asistencia automatizada en un teléfono móvil generalmente es inocua si se comete un error. Lo mismo puede decirse sobre los llamados chatbots, o inteligencia artificial que pueden chatear con usuarios de computadoras humanas. Pero cuando estos sistemas comienzan a abordar cuestiones delicadas, surgen cuestiones importantes sobre ética y valores. A principios de 2016, por ejemplo, un usuario de chatbot de Microsoft se apropió de los insultos étnicos. ¿Qué podría pasar si la tecnología, por ejemplo, un sistema de inteligencia artificial que alimenta un arma mortal, estuviera equipada con los medios para actuar sobre esos sentimientos desagradables?

Las armas letales capaces de concentrarse en los objetivos de forma más rápida y precisa están en camino de obtener una mayor autonomía. Incluso si pudiéramos instruir tal tecnología en ética y valores humanos, no está inmediatamente claro qué ética y valores podríamos seleccionar. Y, ¿cómo podemos asegurarnos de que un robot con instrucciones de matar durante una guerra comprenda que el mismo comportamiento es inaceptable durante tiempos de paz?

Incluso cuando un humano se coloca a cargo de un arma, puede haber errores trágicos que resultan de un entrenamiento deficiente y una comunicación defectuosa. La pregunta es, por lo tanto, si siempre debemos confiar más en un ser humano, o dejar la toma de decisiones a la inteligencia robótica con acceso a una mejor información, y reducir las tasas de errores conocidos?

Otra consideración es cómo debemos tratar las máquinas inteligentes. Hay casos en los que los humanos se identifican con los sistemas robóticos, especialmente cuando los sistemas se asemejan a humanos o mascotas. Por ejemplo, cuando Boston Dynamics probó Spot, un pequeño robot que se asemeja a un perro, pateándolo, la empresa enfrentó críticas y ofendió a muchas personas. Otras preguntas para reflexionar: ¿debería la inteligencia artificial necesariamente revelar que se trata de inteligencia artificial? ¿Y debería tratarse de la misma manera que los humanos se tratan unos a otros? Lo que está claro es que la inteligencia artificial se debe crear y desplegar con precaución. Los especialistas y expertos en el campo deben ser educados en ética. Y un nuevo estándar para la industria, que enfatiza la responsabilidad, podría ser considerado.

Mejora y asistencia humana

La mejora robótica está ayudando a los humanos a superar sus limitaciones naturales

Los avances recientes en sistemas robóticos portátiles y eficientes en energía pueden permitir que los humanos realicen hazañas físicas que normalmente estarían más allá de sus capacidades; piense en caminar distancias extremas o llevar cargas pesadas sin cansarse. Además, se está llevando a cabo una investigación que podría desarrollar una mejor clase de miembro protésico, equipado con sensores, motores y sofisticados algoritmos, y capaz de recibir comandos directamente del sistema nervioso humano. Estas tecnologías algún día podrían significar el final de la discapacidad física, o la mejora de la capacidad física existente y las funciones cerebrales, incluida la memoria y la comunicación.

Además de los sistemas que se usan en el cuerpo, se ha desarrollado una gama de sistemas robóticos inteligentes para ayudar a los seres humanos en tareas que requieren precisión y repetición específicas, tales como cirugía y suturas. Mientras tanto, la llamada robótica de telepresencia permite a las personas estar "presentes" para reuniones o actividades a través de una pantalla de video móvil.

Hay otras formas de mejoras humanas fácilmente aplicables. Los dispositivos de Realidad Aumentada (RA) ayudan a los seres humanos a percibir su entorno con información relevante más rica. Hace unos años, las gafas Glass de Google llamaron la atención como uno de los primeros dispositivos AR prácticos que se podían usar en situaciones cotidianas, aunque la tecnología fue ampliamente criticada debido a los problemas de privacidad.

El dispositivo portátil Hololens de Microsoft puede mapear de manera similar el entorno circundante de un usuario, y mostrar rápidamente textos y otros elementos, aunque se lo considera voluminoso e incómodo. Sin embargo, tales dispositivos generalmente se volverán lo suficientemente pequeños y comunes para ser adecuados para el uso diario. Mientras tanto, Google continúa desarrollando su tecnología Project Tango, que no requiere ningún hardware especializado para mapear el entorno: una cámara típica en un teléfono será suficiente.

Google y otras compañías también han desarrollado traductores automáticos en tiempo real. Ahora ofrecen una traducción precisa a velocidades vertiginosas, gracias a los avances recientes en un tipo de aprendizaje automático conocido como aprendizaje profundo, que imita las funciones de un cerebro humano. Cuando se combinan con teléfonos móviles o dispositivos de realidad aumentada, estas herramientas pueden eliminar la necesidad de traductores humanos; incluso puede haber una menor necesidad de que las personas continúen tratando de aprender idiomas extranjeros. Algunos incluso han visualizado implantes neuronales que podrían conectar directamente dicha tecnología a un cerebro humano, para ayudar no solo a la traducción, sino también a la computación y la memoria. Algunas prótesis ya están controladas directamente por un sistema nervioso humano: las cámaras pueden vincularse con cerebros humanos para proporcionar información visual a personas ciegas, por ejemplo.

Si bien los sistemas de inteligencia artificial aumentarán en gran medida nuestra capacidad de interactuar con nuestro entorno, muchos trabajos se verán afectados, incluidos aquellos que generalmente se han considerado seguros contra la invasión de trabajadores robóticos, como traductores, guías de viaje y presentadores de noticias.

Ítem 3

Biotecnología

La llamada "bioeconomía", o el uso de la biología para impulsar los avances en la agricultura, la producción industrial, la energía limpia, la salud y la protección del medio ambiente, se basa en la biotecnología.

Los avances en las biociencias y las plataformas tecnológicas asociadas están creando nuevas oportunidades para abordar la fabricación, el envejecimiento de la población, la disponibilidad de financiación y el intercambio de conocimientos con la industria biofarmacéutica de formas cada vez más innovadoras.

Descontaminación ambiental

La biotecnología está ayudando a mejorar los ecosistemas al degradar los contaminantes

Grandes franjas de tierra cultivable son improductivas debido a la contaminación. La biotecnología ambiental tiene como objetivo el uso de microbios para degradar los contaminantes y hacer que la tierra vuelva a ser productiva.

La escasez relativa de tierra disponible para el desarrollo y la desindustrialización de las ciudades europeas han llevado a una mayor prominencia de los llamados terrenos industriales abandonados que se han utilizado anteriormente para la producción. Los enfoques tradicionales han consistido en eliminar el suelo contaminado y reemplazarlo con tierra limpia. Este proceso es costoso, especialmente a la luz de los impuestos al vertedero en muchas jurisdicciones, lo que lleva a un mayor interés en la "biorremediación", donde los organismos que pueden degradar rápidamente los materiales orgánicos se utilizan para limpiar un sitio.

Si bien esto puede volver a producir tierras contaminadas, funciona mejor para los contaminantes orgánicos, y las técnicas relacionadas aún están en desarrollo. La biorremediación no ha recibido la inversión que merece, en relación con los beneficios potenciales. Esto puede deberse en parte a una falta general de conciencia sobre las formas en que la biotecnología moderna puede mejorar la calidad y la cantidad de tierras utilizables.

Plataformas biotecnológicas

Las plataformas nuevas, rentables y accesibles están permitiendo el desarrollo rápido de biotecnología

Se está volviendo cada vez más accesible una amplia gama de plataformas para analizar componentes biológicos y moléculas, incluida la secuenciación del ADN, la transfección, la síntesis de ADN, la reacción en cadena de la polimerasa, repeticiones palindrómicas cortas entremezcladas y regulares (o CRISPR, la base de una técnica de edición de genes). Los denominados omics (genómica, proteómica y metabolómica).

Cada vez más, estas plataformas son proporcionadas por especialistas a un costo relativamente bajo, lo que elimina la necesidad de grandes desembolsos de capital. Pueden permitir un desarrollo rápido en los campos de la biotecnología roja (procesos médicos), verde (agrícola) y blanca (industrial), de modo que las innovaciones relacionadas se puedan ampliar rápidamente. Las plataformas también permiten a los desarrolladores acceder a los servicios más avanzados y pueden ayudar a llevar a una amplia gama de aplicaciones.

Biotecnología blanca

Nuevos materiales, plataformas de producción y productos amplían los horizontes de la biotecnología industrial

25

En el campo de la biotecnología industrial o "blanca", varios gobiernos y empresas industriales están explorando el potencial de los materiales y productos químicos no derivados de los fósiles, como los polímeros sostenibles. Estos se producen a partir de materiales bioderivados, y a menudo incluyen uno o más pasos del proceso basados en la biotecnología.

Se espera que el bioetanol, por ejemplo, represente tanto como el 40% de la producción del polietileno plástico común para el año 2035, según un informe de de la Agencia Internacional de Energía y la Agencia Internacional de Energía Renovable. Mientras tanto, se proyecta que la producción de ácido poliláctico biodegradable aumentará de alrededor de 180,000 toneladas por año a 800,000 toneladas para 2020.

La utilización efectiva de los residuos agrícolas, industriales y municipales a través de la biotecnología es cada vez más atractiva, como un medio para impulsar la economía circular sostenible. Además, los avances en la modificación genética y la biología sintética están haciendo posibles nuevos métodos de producción.

Todavía hay relativamente poca conciencia del potencial de la biotecnología para cambiar radicalmente la industria química y los métodos de fabricación. Sin embargo, existe la oportunidad de aprovechar el conocimiento de la industria "roja" o biotecnología médica, que ya se ha establecido bien.

Difusión del conocimiento

La publicación de acceso abierto puede garantizar que la investigación científica nueva esté ampliamente disponible

Las políticas de acceso abierto a menudo requieren que los datos principales detrás de la investigación también estén disponibles para el escrutinio público.

El movimiento hacia un mayor acceso abierto cada vez recibe más apoyo de los financiadores públicos de la investigación. En todo el mundo, estas entidades insisten en que los resultados de la investigación que han apoyado se pongan a disposición del dominio público.

La educación está pasando por una transformación relacionada, con una mayor disponibilidad de material general de aprendizaje, y cursos en línea masivos y abiertos ahora disponibles en una amplia gama de temas.

Estas tendencias están democratizando la ciencia y están teniendo un efecto particularmente fuerte en la biotecnología.

Bioinformática

Un aumento en la información estructurada y que pueda buscarse permite la generación de nuevos conceptos

Las comunidades de Bioinformática, Biología de Sistemas y Biología Sintética han desarrollado enfoques estructurados para almacenar y recuperar datos, como el estándar del Lenguaje de Marcado de Biología de Sistemas (SBML) o el Registro de Partes Biológicas Estándar. Esto permite la generación de nuevos conceptos, integrando o modificando el conocimiento existente.

Las herramientas y bases de datos de Bioinformática permiten una amplia gama de búsquedas y diseños estructurados, que podrían basarse en tratar de construir una nueva ruta metabólica para un sistema de producción, por ejemplo, o en la comprensión de las bases genéticas de diferentes enfermedades. Una característica importante de muchas de estas herramientas y bases de datos es que son gratuitas. En general, la disponibilidad cada vez mayor de datos relevantes y el desarrollo concurrente de algoritmos analíticos más sofisticados crean una oportunidad para la innovación.

Además, el campo de la biología sintética ha establecido una cultura de estandarización y cuantificación de partes biológicas, que se pone a disposición de los desarrolladores para que puedan generar sistemas con un rendimiento predecible. Estos se presentan en formatos similares a un catálogo de piezas de ingeniería estándar.

Resistencia antimicrobiana

Los científicos están desarrollando nuevos enfoques para microbios resistentes

La resistencia a los antimicrobianos es una gran preocupación mundial, ya que se están descubriendo un número creciente de infecciones difíciles de tratar, junto con la evolución implacable de las bacterias resistentes a múltiples fármacos. Existen varios enfoques para abordar el problema y se están explorando diversas opciones relacionadas con la biotecnología. Estos incluyen soporte de diagnóstico (para identificar rápidamente cepas altamente resistentes) y estrategias para mejorar la respuesta inmune a las infecciones.

Hay muchos programas nacionales e internacionales relacionados en curso; Los ejemplos incluyen G-quadruplexes, o estructuras de ADN que están implicadas en la resistencia antimicrobiana, una estrategia aplicada en terapias contra el cáncer.

Biotecnología verde

Los avances en biotecnología están permitiendo a los científicos agregar valor a la agricultura

La biotecnología verde implica la aplicación de principios de ingeniería biológica a las plantas, a fin de mejorar el rendimiento y la calidad de los cultivos, y los costos relacionados. La biotecnología verde generalmente se enfoca en rasgos de entrada (como resistencia a plagas o enfermedades) o rasgos de salida (como mayor rendimiento). Los ejemplos incluyen semillas que son resistentes a los barrenadores del maíz, o plagas comunes entre los cultivos de maíz.

El desarrollo de la llamada agricultura de precisión está siendo impulsado por los avances en la biociencia, y agregando valor a través de la producción de materiales de mayor valor agregado, como extractos que proporcionan beneficios para la salud. Mientras tanto, hay muchas oportunidades para que la biotecnología agregue valor a la gran bioeconomía básica, a la producción agrícola fundamental y al procesamiento posterior. Sin embargo, esto no es sin controversia, debido a la percepción pública de la manipulación genética.

Ítem 4

Medicina de precisión

El objetivo final de la Medicina de precisión, también conocido como medicina personalizada, es permitir el uso de información sobre el entorno del paciente y datos genómicos y biológicos, para que los médicos y científicos puedan identificar o predecir con mayor precisión las enfermedades, retrasar o prevenir la aparición de la enfermedad, facilitar un tratamiento más eficaz y, en general, mejorar la salud.

Esto se puede lograr mejorando las llamadas ciencias multiméricas (incluidas la genómica y la metabolómica), desarrollando soluciones tecnológicas que pueden dar sentido a conjuntos de datos muy grandes y aumentando nuestra comprensión de la relación entre la variación genómica o las diferencias en nuestro ADN. y mecanismos biológicos básicos. Sin embargo, la Medicina de precisión enfrenta importantes desafíos, incluida la necesidad de proporcionar educación relevante para la fuerza laboral de atención médica, costos potencialmente mayores en relación con otros enfoques, una necesidad relacionada para garantizar la igualdad de acceso y cuestiones éticas y legales relacionadas con la privacidad de datos.

Ciencia multiómica

La evaluación integral de múltiples biomoléculas puede permitir una comprensión más profunda de la salud y la enfermedad

Estamos reconociendo cada vez más que las variaciones en la forma, función y complejidad de la interacción de nuestras partes biomoleculares se traducen en requisitos de salud únicos y específicos para cada individuo y en el riesgo de enfermedad. Incluso las enfermedades que alguna vez se consideraron simples, en el sentido de que se pensaba que un gen específico causaba la enfermedad, ahora se reconocen como más complejas en términos de severidad y potencial de tratamiento a la luz de factores ambientales como la dieta. En consecuencia, el mantenimiento de la salud personalizado y basado en la precisión, el diagnóstico y tratamiento de la enfermedad, requieren la recopilación y el análisis coordinados de los conjuntos de datos llamados "multómicos" recopilados de los tejidos.

Los enfoques "omics" de la biomedicina (que involucran campos que terminan en "-ómicas") evalúan de manera exhaustiva biomoléculas como genes y proteínas a una escala equivalente a células y organismos completos. Eso significa que, si bien la genética es el estudio de la forma y función de genes específicos, la genómica es una interrogación de alto rendimiento de todos los genes en un organismo; transcriptómica es el estudio de la expresión génica en todo el sistema, mientras que la metabolómica se relaciona con los metabolitos (los productos del metabolismo, como los aminoácidos) y la proteómica está ligada a las proteínas. La aplicación del aprendizaje automático y otras herramientas estadísticas de reconocimiento de patrones a conjuntos de datos multidémicos puede facilitar la transición de la medicina reactiva a una forma fundamentalmente proactiva de salud predictiva y de precisión.

Mejorando la salud y el bienestar

Los enfoques a nivel de sistemas pueden permitir mejor la prevención y el control de enfermedades

La ciencia de sistemas se basa en la idea de que la resolución simplificada de problemas puede dar lugar a soluciones incompletas, cuando se trata de fenómenos complejos biológicos o relacionados con la ciencia de la vida. Por el contrario, los métodos de ciencia de sistemas evalúan problemas complejos de manera integral, mediante el análisis de interacciones que influyen o predisponen las formas en que los seres vivos se construyen y funcionan. La necesidad de enfoques basados en sistemas es particularmente apremiante cuando se evalúan factores que influyen en la salud y el bienestar humanos, ya que el inicio de la enfermedad suele ser el resultado de una compleja interacción de factores que incluyen el perfil genómico individual, el fenotipo clínico (o la interacción entre composición genética y el medio ambiente), el comportamiento, los determinantes sociales y el medio ambiente. Idealmente, la Medicina de precisión incluye no solo enfoques más precisos para el diagnóstico y tratamiento de la enfermedad, sino también para la prevención y el control de los factores relacionados antes del inicio de la enfermedad.

A medida que nuestra habilidad para medir los factores que impactan la salud y el bienestar mejora, también debemos desarrollar técnicas científicas basadas en sistemas que ayuden a nuestra comprensión de cómo los datos pueden usarse para respaldar la salud y el bienestar humanos. Tal comprensión mejorada requerirá enfoques multidisciplinarios que crucen los límites organizacionales, junto con la aplicación de informática biomédica y teorías y métodos de ciencia de datos. Además, será necesario realinear los incentivos y los impulsores que sustentan los modelos actuales de prestación de asistencia sanitaria, a fin de involucrar mejor a los proveedores de atención en la promoción de la salud y el bienestar más allá de los hospitales y clínicas. En última instancia, el uso de la ciencia de los sistemas para ofrecer enfoques personalizados para la promoción de la salud debería trastornar el sistema de prestación de servicios de salud actual y conducir a mejores resultados y reducir las cargas fiscales y sociales asociadas con la enfermedad.

Impacto sobre los costos

La Medicina de precisión ofrece una forma de reducir costos, aunque persisten desafíos

Aunque es poco probable que la Medicina de Precisión, (Medicina Personalizada), reduzca significativamente los costos de atención médica en el futuro cercano, hay excepciones notables que permiten vislumbrar su potencial. La caracterización genómica de ciertos cánceres, por ejemplo, ha conducido a diagnósticos moleculares mejorados y terapias específicas que se dirigen a las susceptibilidades tumorales únicas, lo que ilustra un camino hacia adelante para brindar una atención más rentable y de alta calidad.

El uso cada vez más rutinario de datos genómicos, el fenotipado clínico preciso (que mide la interacción entre la composición genética de uno y el medio ambiente), nuevos biomarcadores de enfermedades y terapias precisas basadas en objetivos prometen transformar el sector sanitario. Esto debería mejorar los resultados de salud, conducir a una mejor comprensión de los riesgos de enfermedad y eliminar el uso de procedimientos de diagnóstico impreciso y costoso y terapias ineficaces. En última instancia, estos cambios probablemente disminuirán los costos generales de la atención médica y mejorarán el valor. Sin embargo, todavía tenemos que desarrollar una forma robusta de integrar rutinariamente estas tecnologías.

Si bien la capacidad y el costo de generar información de secuencias de ADN de alta calidad han mejorado exponencialmente, la anotación de genes, elementos reguladores, variantes de ADN y modificaciones de proteínas postraduccionales van a la zaga. Además, nuestra comprensión de las vías moleculares complejas que ocurren dentro de las células y los órganos, y sus relaciones con el desarrollo, el envejecimiento, la enfermedad y el medio ambiente, sigue siendo rudimentaria.

Evitando las disparidades

La investigación genómica debe ser más inclusiva, para que la promesa de Medicina de precisión se realice

Se han realizado importantes descubrimientos de salud utilizando tecnologías genómicas, como las utilizadas para secuenciar y analizar el ADN. Sin embargo, debemos capturar la información genómica, que está relacionada con todo el código genético dentro de una célula, de una amplia gama de personas de todo el mundo para garantizar que la medicina genómica no aumente las disparidades de salud. La investigación genómica temprana se centró principalmente en poblaciones con ascendencia europea; en 2009, el 96% de las personas incluidas en los estudios de asociación de genoma completo (o GWAS) eran de ascendencia europea. Para 2016, la diversidad en los estudios de GWAS había mejorado; 19% eran de ascendencia no europea, con la mayor parte del crecimiento entre los de ascendencia asiática.

Los estudios de GWAS han demostrado que diferentes genes entre diferentes grupos étnicos pueden estar implicados tanto en enfermedades genéticas como transmisibles. En el Trans-Omics para Medicina de Precisión, o TOPMed, del Instituto Nacional del Corazón, Pulmón y Sangre, que comenzó en 2014, los genomas afroamericanos representan el 26% del total analizado, mientras que los genomas hispanos / latinos representan el 10%; genomas no europeos claramente siguen subrepresentados. A menos que la investigación genómica sea más inclusiva, las poblaciones minoritarias no se darán cuenta de la promesa de Medicina de Precisión, y las disparidades de salud continuarán creciendo.

La arquitectura genómica puede variar ampliamente entre las poblaciones, y las variantes raras, importantes para determinar el riesgo de enfermedad y la respuesta a los medicamentos, tienden a ser específicas de la población. La incorporación de poblaciones diversas en la investigación genómica presenta desafíos metodológicos y analíticos. Por lo tanto, la comunidad de investigación debe desarrollar e incorporar nuevos diseños de investigación y herramientas analíticas necesarias para superar estos desafíos. Los avances en la investigación genómica deberían ayudar a mejorar las disparidades de salud entre las diversas poblaciones, en lugar de contribuir a ellas. Además, es posible que la inclusión de poblaciones diversas tenga el beneficio de identificar genes y vías importantes para una variedad de enfermedades y mejorar la salud humana en general.

Nueva técnica para la identificación de ADN

Los organismos modelo proporcionarán un terreno de prueba crucial para comprender las variaciones genéticas subyacentes a la enfermedad

Para determinar si una variante de secuencia de ADN particular contribuye a un trastorno o estado de enfermedad, la genómica moderna ha dependido principalmente de métodos estadísticos, que muestran una correlación entre la variante de secuencia y la enfermedad. Sin embargo, el siguiente, gran paso en la revolución genómica será la prueba directa de variantes de secuencia en organismos biológicos apropiados, para determinar sus efectos sobre estos organismos.

Este nuevo enfoque de prueba incluye variantes de secuencia que se están investigando para la causa principal de enfermedad genética, así como para modificadores genéticos (genes que pueden afectar o interferir con otros genes). La investigación de modificadores genéticos puede permitirnos comprender mejor la variación, en términos de gravedad clínica, de una amplia variedad de trastornos. Esta información, a su vez, tiene un enorme potencial para ayudar a determinar qué individuos afectados deben ser objeto de una intervención terapéutica agresiva y cuáles deben recibir una intervención mínima o incluso nula. La tecnología CRISPR, utilizada para la edición de genes, permite la rápida introducción de variantes genéticas en múltiples organismos. Pueden permitir una comprensión más profunda de cómo las variantes putativas de la secuencia perturban la homeostasis celular, al tiempo que revelan nuevos objetivos para la intervención terapéutica y la apertura de nuevas áreas de investigación biológica.

Redefiniendo la salud y la enfermedad

Las enfermedades se están reclasificando, gracias a la integración de "omics"

La nosología, la ciencia médica que se ocupa de la clasificación de la enfermedad, está adoptando la revolución tecnológica de la ómica: o los campos que terminan en "-omics". La genómica, por ejemplo, está emergiendo como una poderosa herramienta en la clasificación de la enfermedad, y se basa en avances tecnológicos previos que utilizaron la anatomía y la microbiología para definir la enfermedad patológica. La información genómica (sobre la composición genética de un individuo) nos permite categorizar la enfermedad, comprender la patología y dirigir el tratamiento en consecuencia. El conocimiento de la secuencia de ADN única de cada persona personalizará aún más las decisiones de salud y tratamiento.

Con los avances en la ciencia genómica, las dolencias que una vez parecían diferentes se unen bajo un enfoque único, mientras que lo que antes se pensaba que eran enfermedades uniformes se están diferenciando. Por ejemplo, ahora podemos definir el cáncer basándose en firmas genómicas aberrantes, en lugar de simplemente en el origen anatómico de un tumor. Otro ejemplo: la fibrosis quística puede ser el resultado de más de 900 mutaciones en el gen CTFR, y se ha desarrollado un fármaco que es particularmente eficaz para tratar una mutación específica relacionada con la fibrosis quística. La secuenciación del genoma rápida y relativamente económica, junto con las herramientas bioinformáticas, están impulsando el nuevo paradigma de la medicina personalizada. El desafío será incorporar eficientemente esta información genómica a la atención médica de rutina.

Transformación de datos en acciones

Aprovechar los grandes datos puede generar conocimientos prácticos y mejorar la atención

La informática biomédica y la ciencia de datos ayudan a traducir los datos en ideas acción, que a su vez pueden acelerar el descubrimiento científico, mejorar la atención de pacientes individuales e influir en la salud de poblaciones enteras. Estas disciplinas se cruzan con las ciencias computacionales, cuantitativas, de salud, de vida, sociales y de comportamiento, con el fin de lograr un impacto significativo.

En el contexto de la Medicina de Precisión, o Medicina Personalizada, el uso de la informática biomédica y las teorías, los métodos y las herramientas de la ciencia de los datos se ha vuelto cada vez más crítico. Esto es particularmente cierto cuando buscamos avanzar en nuestra comprensión colectiva de cómo las biomoléculas, las características clínicas y los factores ambientales se correlacionan con el riesgo de enfermedad, los diagnósticos y la planificación del tratamiento, y quizás aún más importante, cómo estas características se correlacionan con el mantenimiento de la salud antes de la aparición de la enfermedad.

Los avances recientes en inteligencia artificial, aprendizaje automático, computación móvil, sensores y la interacción humano-computadora están ampliando el alcance de los datos y los métodos analíticos para permitir la Medicina de Precisión. Eso solo amplificó el papel único y central desempeñado por la informática biomédica en la mejora de la salud de las personas y las comunidades.

Ética y legalidad

La protección de la privacidad debe ser parte de la habilitación de avances en el cuidado de la salud

En un futuro plenamente realizado para la Medicina de Precisión, los datos genómicos y otros datos biológicos que forman parte de la historia clínica personal de una persona estarán sujetos a posibles usos indebidos por parte de aquellos con incentivos financieros o de otro tipo. Sin leyes de privacidad fuerte y duradera, las personas con cierto genotipo (o composición genética) pueden encontrarse sin seguro, sin posibilidad de empleo o discriminados. Los datos genómicos también pueden identificar con precisión el parentesco, lo que podría conducir a invasiones de la privacidad en casos como los procesos de adopción. Las consideraciones éticas y legales sobre quién puede acceder a los datos genómicos individuales y de otro tipo, y cómo se usan esos datos, son de suma importancia.

Otro tema crítico relacionado con la base de conocimiento que puede informar la Medicina de Precisión es el uso de datos de pacientes para fines de investigación, lo que a menudo se denomina uso secundario, ya que los datos se usan más allá del alcance de la atención clínica inmediata. Tal uso secundario requiere el mantenimiento de un equilibrio entre los derechos individuales a la privacidad y la confidencialidad, y la necesidad de crear un sistema de atención médica donde cada encuentro con el paciente puede ser una oportunidad para mejorar la atención a las personas y las comunidades. La capacidad de lograr dicho equilibrio se puede ver favorecida por un mejor consentimiento informado y la comunicación de riesgos, y una robusta identificación de datos y técnicas de síntesis.

El costo relativo de la Medicina de Precisión puede ser alto, debido a la tecnología requerida y al gasto de desarrollar medicamentos y tratamientos individualizados. Sin embargo, también es posible ahorrar en los costos, ya que se pueden evitar tratamientos ineficaces para algunos pacientes. Garantizar el acceso a la medicina de precisión para todos los miembros de la sociedad es fundamental, de modo que las disparidades en los resultados de la atención de la salud no se agraven.

Otro aspecto potencialmente problemático de la Medicina de Precisión, desde un punto de vista ético, es el uso de información genómica que predice la enfermedad cuando no existe un tratamiento accesible o preventivo disponible. El conocimiento anticipado de una condición intratable puede reducir la calidad de vida. Determinar cuándo se debe informar a las personas sobre su riesgo de enfermedad no tratable promete seguir presentando problemas éticos espinosos.

Preparación para la precisión

La fuerza laboral de la salud debe estar capacitada para brindar Medicina Personalizada

Es vital preparar mejor a la fuerza de trabajo de la salud para que se ocupe de la información genómica que hace posible la Medicina de Precisión. Gran parte del conocimiento genómico acumulado, o conocimiento relacionado con la información genética incluida dentro de una célula, se integrará en las herramientas de análisis de decisiones en el punto de atención asociadas con los registros médicos electrónicos. Cuando las pruebas genómicas se vuelvan rutinarias, los médicos no tendrán que ordenar una prueba farmacogenética y luego esperarán a que lleguen los resultados para decidir sobre un medicamento y la dosis. En cambio, un sistema de prescripción buscará automáticamente en una base de datos, encontrará los resultados genómicos de un paciente y recomendará el fármaco y la dosis adecuados para una enfermedad específica. Los médicos no solo necesitarán saber sobre la enfermedad, la genómica y la farmacogenética, sino que deberán poder explicarle a un paciente por qué se prescribe un determinado tratamiento.

En un futuro cercano, las competencias que necesitarán los proveedores de atención médica incluyen la capacidad de reconocer y ordenar las pruebas cuando haya indicios de que el diagnóstico y el tratamiento se beneficiarían del uso de la secuenciación genómica. Se espera que los proveedores de servicios de salud tengan la capacidad de explicar los conceptos genéticos fundamentales y proporcionar una referencia a un asesor genético cuando sea necesario. Otras competencias requeridas incluirán conocimiento sobre cuándo utilizar los datos de secuenciación para mejorar los diagnósticos diferenciales, formular planes individualizados de manejo de enfermedades y guiar las terapias de acuerdo con los datos farmacogenéticos. La información genómica debe integrarse en todos los niveles de la educación de un profesional de la salud, y su mantenimiento de la certificación.

Además, el modelo actual de un profesional de la salud que asesora a un paciente sobre una prueba genética se verá afectado por los avances en las tecnologías de secuenciación del genoma completo. Esto se debe a que todo el genoma se secuenciará y se dispondrá de información genética procesable más allá de una prueba específica. Se deben construir nuevos métodos para almacenar y consultar de manera eficiente esta información en los registros médicos electrónicos, a fin de proporcionar información de punto de servicio a los proveedores de atención médica y a los pacientes.

Ítem 5

Mejora Humana

La mejora humana puede tomar la forma de una taza de café, un fármaco que mejora el rendimiento, un exoesqueleto o la erradicación de la enfermedad a través de la edición genética.

Puede mejorar la calidad de vida y la longevidad, y potencialmente hacer que las comunidades sean más inclusivas, equitativas y cohesivas. Los avances tecnológicos relacionados con La Revolución Cognitiva, Cultural y Tecnológica han mejorado las capacidades funcionales, manipulando y extendiendo nuestros cuerpos y cerebros con hardware, modificando nuestros genes y nuestra masa biológica, realizando alteraciones a nivel molecular, farmacológico y manipulando nuestro entorno de una manera que potencialmente aumenta el rendimiento. Los beneficios resultantes pueden estar más allá de nuestros sueños más descabellados, aunque los riesgos relacionados y las preocupaciones éticas, tanto para las personas como para la sociedad, pueden ser desalentadores. Por lo tanto, será crucial explorar más a fondo cómo el bienestar, la autonomía, la equidad y la justicia se ven afectadas por el uso de tecnologías que mejoran el ser humano.

Información y transparencia

Los consumidores requieren cada vez más orientación sobre las opciones de mejora disponibles y sus implicaciones

Con una variedad de opciones de mejora humana disponibles, es importante que los ciudadanos puedan equiparse para tomar decisiones informadas. La educación es clave en este sentido, ya que puede ayudar a las personas a evaluar los riesgos y las posibles preocupaciones de seguridad. También se necesitan instituciones de investigación imparciales para probar productos relacionados y orientar a los ciudadanos.

Es crucial garantizar la transparencia y el acceso a dicha información, a fin de permitir la evaluación crítica de las opciones de mejora y su impacto potencial. Algunas mejoras pueden promover el éxito temprano en la vida, pero provocar una discapacidad grave más adelante.

Longevidad

Las personas viven más tiempo y buscan un beneficio máximo relacionado

El miedo a la muerte y el sueño de la eterna juventud son constantes. Con el aumento de la biotecnología y una mejor comprensión del envejecimiento, se están desarrollando nuevos métodos para desacelerar el declive de los procesos biológicos, lo que resulta en vidas prolongadas.

Sin embargo, con una mayor posibilidad de mejora humana, también existe un mayor riesgo de vida prolongada con una calidad de vida inferior y una capacidad funcional relativamente baja. Además, aunque solo algunas personas obtendrán beneficios relacionados, la mayor carga para los sistemas de atención de la salud correrá a cargo de todos.

Los desarrolladores de tecnologías mejoradas y reguladores deben explorar preguntas sobre cómo las personas pueden vivir bien, física y mentalmente, a medida que proliferan las opciones relacionadas con la mejora; y cómo estas opciones pueden fortalecer la conexión social y el bienestar social. Además, debe garantizarse la integración social del creciente segmento demográfico de la tercera edad y deben desarrollarse tecnologías que ayuden a las personas mayores a permanecer conectadas y autónomas. Las casas inteligentes con sensores integrados que alertan o incluso predicen cuándo pueden surgir problemas médicos están allanando el camino para estos esfuerzos, aunque no se debe restar importancia a la importancia de la interacción social humana.

Igualdad y justicia social

Las mejoras de rendimiento conllevan un imperativo ético para un acceso generalizado.

Los avances científicos pueden permitir a los humanos mejorar todo, desde la memoria hasta la apariencia. Sin embargo, el acceso desigual a tales avances podría agitar la tensión social y dar lugar a una competencia desleal entre las personas promedio y mejoradas. A medida que se desarrollan nuevas tecnologías y opciones para la mejora, surge la necesidad de sistemas sociales que garanticen un acceso asequible y eviten la aparición de una división social mejorada frente a una división social no mejorada.

Mientras tanto, es posible la implementación predeterminada de tecnologías mejoradas y la presión sobre los competidores para que sigan estas implementaciones mientras buscan ventajas. Los pioneros que operan bajo regímenes regulatorios relativamente flexibles podrían desencadenar una competencia que obligue a otras regiones o países a implementar tecnologías relacionadas. La distribución desigual y el avance de estas tecnologías pueden generar una mayor desigualdad social, aunque la división regional y cultural podría abordarse a través de la gobernanza global. Estamos entrando en una era transhumana, y debe abordarse la cuestión de las pautas adecuadas para la mejora humana.

Humanidad y autonomía

Las modificaciones y mejoras de habilidades están cuestionando sobre lo que significa ser humano

A la luz de los avances en inteligencia artificial, robótica, realidad virtual y realidad aumentada, será crucial mantener un enfoque en la esencia de lo que nos hace verdaderamente humanos. Aunque los principios filosóficos relacionados han existido al menos desde los tiempos de la Grecia antigua, es posible que necesitemos encontrar formas prácticas de garantizar que la mejora humana preserve nuestra humanidad, suponiendo que pensemos que volverse humano podría no ser tan malo, después de todo.

Las preguntas relacionadas a considerar incluyen, cómo estas mejoras pueden mantener enfocadas las necesidades y deseos de las personas, cómo la tecnología puede integrar la interacción social en lugar de sustituir la interacción social y cómo puede lograrse una mayor autonomía sin contribuir al aislamiento o al menoscabo de valores, objetivos y acciones compartidos. Como individuos, evaluamos el riesgo y el beneficio de mejorar las intervenciones en función de su potencial para mejorar nuestro bienestar. Si bien técnicamente tenemos la libertad de decidir si realizamos o no un procedimiento de mejora, debemos ser conscientes de la presión de los compañeros que puede comprometer nuestra autonomía.

Mentes mejoradas

La capacidad de adaptar y mejorar las funciones cognitivas plantea cuestiones éticas

Gracias a los avances en ciencia y tecnología, ahora es posible mejorar las funciones cognitivas humanas a lo largo de la vida. El cerebro es la parte más compleja del cuerpo y nuestro núcleo computacional para procesar e interpretar la información sensorial. Desafortunadamente, la memoria y otras habilidades cognitivas comienzan a disminuir a lo largo de nuestra vida, aunque el ritmo varía entre las personas. Los avances en la comprensión del funcionamiento del cerebro están permitiendo nuevas intervenciones conductuales, farmacológicas y neuro-tecnológicas diseñadas para ayudar a preservar la cognición.

Los científicos y las compañías de neuro-tecnología de todo el mundo también están investigando nuevas formas no solo de preservar, sino también de mejorar la cognición, lo que nos permite potencialmente desempeñarse en niveles más altos, por períodos más largos. La estimulación cerebral no invasiva o los implantes neurales pueden ayudarnos a estar más atentos, mejorar nuestra memoria, mejorar nuestra toma de decisiones y hacernos pensar más rápido; Básicamente, hacernos más inteligentes. Pero hay varias preguntas relacionadas que deben abordarse, con respecto a dónde deberían estar los límites de tales mejoras, hasta qué punto las mejoras cognitivas pueden ser personalmente deseables y socialmente aceptables, en qué medida se ha manipulado una decisión tomada con la ayuda de un dispositivo, en qué medida dichos avances influirán en el comportamiento y alterarán las relaciones humanas y la cohesión social, y de qué manera podemos prevenir el abuso relacionado.

Movilidad mejorada

Las nuevas tecnologías están permitiendo la recuperación física y mejorando los niveles de rendimiento

El envejecimiento, los accidentes y las enfermedades disminuyen las capacidades físicas, aunque los avances en la salud pública pueden aumentar la movilidad, mientras que las nuevas tecnologías pueden permitir mejoras en las intervenciones terapéuticas y restaurativas. Se han desarrollado trajes exoesqueleto que permiten a los pacientes paralizados caminar de nuevo. Sin embargo, aunque las soluciones como las piernas biónicas utilizadas después de la amputación permiten una mayor capacidad física, como una mayor resistencia y velocidad, pueden tener implicaciones dramáticas, sobre todo al aumentar la posibilidad de discapacidad autoinducida para los fines de la mejora. A medida que comenzamos a traspasar los límites de nuestra evolución natural, el monitoreo de las posibles consecuencias a largo plazo se vuelve crucial.

Como los humanos en pleno funcionamiento potencialmente buscan reforzar su desempeño, más productos estarán disponibles fuera del régimen alimenticio y médico. Los trajes exoesqueleto pueden permitir a las personas hacer cosas como levantar objetos extremadamente pesados y ya están siendo provistos por los empleadores en Japón para aumentar la productividad y la seguridad en el lugar de trabajo. Esto aumenta la posibilidad de mayores aumentos del rendimiento, logrados a través de nuevos implantes articulares y musculares que internalizan el hardware, y la posibilidad de que incluso se vuelva necesario para someterse a tales intervenciones, a fin de competir mejor en el mercado de trabajo. Otras mejoras cibernéticas incluyen implantes de activación sensoriales e inalámbricos, como etiquetas de identificación por radiofrecuencia que se pueden implantar en el cuerpo y se usan para abrir una puerta de automóvil bloqueada o la entrada de una casa. Es así como Surgen preocupaciones relacionadas con las implicaciones de seguridad y protección de poner tales herramientas a disposición del público.

Al ofrecer opciones restauradoras y de mejora para el rendimiento físico, estamos aumentando la capacidad promedio y el potencial para aumentar radicalmente la capacidad de algunas personas, y debemos ser conscientes de las implicaciones sociales.

Emociones y comportamiento social

Las tecnologías de esta revolución, desde la estimulación cerebral hasta la realidad aumentada, están moldeando la interacción humana

Las tecnologías que afectan la interacción social tienen una gran demanda, ya que la importancia de la resolución de conflictos y la negociación se ha incrementado en los ámbitos de los negocios y la política. Las habilidades sociales relacionadas se pueden adquirir a través de coaching digital o implantes cerebrales. Sin embargo, nuestra autonomía fundamental está en juego, ya que la humanidad continúa experimentando con tecnologías que tienen el potencial de alterar, para bien o para mal, la regulación emocional y la interacción social.

A medida que la robótica y la inteligencia artificial penetran progresivamente en nuestros hogares, la forma óptima de relación social resultante entre humanos y máquinas aún no está clara. Los robots de atención que pueden ayudar a las personas a salir de la cama y vestirse, por ejemplo, deberán abordar la pregunta clave de cómo y cuándo pueden mostrar empatía, en lugar de ánimo firme, ya que el humor del ser humano que están ayudando fluctúa.

Genes mejorados

La capacidad de reparar y modificar el código genético se está expandiendo más allá de los beneficios para la salud.

El campo de la medicina busca erradicar la enfermedad a través de medidas cada vez más sofisticadas, incluida la edición del genoma humano. Las modificaciones genéticas para tratar enfermedades neurológicas y metabólicas y para tratar el envejecimiento, son de particular interés. Sin embargo, esto plantea la cuestión de si debemos tomar medidas proactivas que interfieran con el desarrollo natural. Los científicos están trabajando en la medicina regenerativa genética que apunta a la pérdida de masa relacionada con la edad, también conocida como sarcopenia, por ejemplo. Pero no está claro si debemos considerar la sarcopenia como una enfermedad a tratar, o como un efecto secundario normal del envejecimiento que debemos aceptar.

Además de las intervenciones preventivas y las mejoras terapéuticas, están disponibles mejoras genéticas no terapéuticas. Como resultado, podemos ser capaces de seleccionar el color de ojos para nuestros bebés, o altura y fuerza muscular. Se deben considerar cuestiones éticas relacionadas con la selección genética o la discriminación genética. La implementación de la edición del genoma para su mejora aumenta la posibilidad de desigualdad social y la presión social potencial para utilizar tecnologías relacionadas que perjudican la libertad y la autonomía individual. Otras preguntas a considerar incluyen qué alteraciones que mejoran el bienestar deberían estar disponibles en general, y si estas alteraciones no solo afectarán a las personas, sino también a sus descendientes.

Ítem 6

Neurociencia

El cerebro es la fuente de nuestros pensamientos, toma de decisiones, emociones e interacciones sociales.

La función cerebral saludable es una base esencial para el desarrollo, la educación y el funcionamiento eficaz de la niñez en el lugar de trabajo. La prevalencia de trastornos cerebrales ya impone una pesada carga financiera y emocional en todo el mundo, y solo empeorará a medida que las poblaciones envejecen. Sin embargo, el progreso en la comprensión de la estructura y la función del cerebro, así como las bases genéticas y ambientales del desarrollo del cerebro, ya está proporcionando información significativa sobre el comportamiento individual y social y las causas de los trastornos cerebrales.

Herramientas neuronales

Las nuevas tecnologías nos ayudan a comprender e interactuar con el cerebro

Los avances en la tecnología sofisticada para monitorear la salud del cerebro están revolucionando los esfuerzos en la detección temprana de enfermedades neuronales. Se está creando una nueva generación de dispositivos para mejorar y mejorar la calidad de vida. Los dispositivos basados en SmartWatch ahora pueden monitorear pacientes con epilepsia y notificar a los familiares y cuidadores cuando ocurren ataques. Se están desarrollando otros dispositivos para registrar con gran precisión el movimiento de pacientes con enfermedad de Parkinson o esclerosis múltiple. Dichos dispositivos portátiles deberían mejorar en gran medida la atención al proporcionar un control exhaustivo con un análisis objetivo y sofisticado de los síntomas en tiempo real.

Los neuroestimuladores implantados quirúrgicamente ahora se usan ampliamente para tratar una amplia gama de trastornos cerebrales. Los neuroestimuladores son dispositivos que usan micro eléctrodos para administrar impulsos eléctricos no dañinos para restaurar la actividad en los circuitos cerebrales que han perdido sus entradas normales. Los neuroestimuladores más ampliamente utilizados y sin duda más eficaces son los implantes cocleares que restablecen cierto nivel de audición en pacientes sordos. Cientos de miles de pacientes en todo el mundo han recibido estos implantes. Los niños sordos que reciben un implante antes de los 18 meses de edad pueden desarrollar habilidades lingüísticas similares a las de sus compañeros oyentes.

Otra aplicación de neuroestimuladores es en la estimulación cerebral profunda (DBS), que se utiliza para tratar una gama cada vez mayor de condiciones. El DBS se ha empleado más extensamente en la enfermedad de Parkinson, donde puede aliviar los temblores, la rigidez y los problemas para caminar. La DBS también está emergiendo como una opción de tratamiento importante para el dolor crónico, la depresión, el temblor esencial y el trastorno obsesivo compulsivo.

Otra área donde las herramientas neuronales harán una contribución importante es en las interfaces cerebro-máquina (BMI). Los IMC vinculan los cerebros a los ordenadores que utilizan matrices de muchos micro eléctrodos. En algunos casos, la computadora funciona como un implante coclear, utilizando los micro eléctrodos para activar las células cerebrales específicas para producir sensaciones como el tacto o la vista. Los éxitos preliminares sugieren que con un mayor desarrollo, tales IMC mejorarán las vidas de los amputados y pacientes ciegos. Por ejemplo, experimentos piloto dirigidos por la Universidad de Pittsburgh han utilizado la estimulación de la corteza somatosensorial para dar a un paciente con lesión de la médula espinal un sentido rudimentario del tacto cuando usa una prótesis robótica especial. En otros casos, las señales del cerebro son interpretadas por la computadora y se utilizan para controlar dispositivos externos, como un brazo robótico. Tecnologías como estas tienen el potencial de restaurar la movilidad de pacientes paralizados.

Trastornos mentales

Los trastornos mentales imponen un costo asombroso a la felicidad humana

Los trastornos mentales presentan muchas formas, incluidos los trastornos de ansiedad, trastornos del desarrollo, depresión mayor, trastorno obsesivo-compulsivo, trastorno de estrés postraumático y esquizofrenia, entre muchos otros. Colectivamente, estos trastornos son tan generalizados que representan la causa principal de la pérdida de trabajo. Se cree que los trastornos de depresión y ansiedad por sí solos impactan en más de $ 1 billón en la productividad mundial de perdida cada año, según una investigación de la Organización Mundial de la Salud publicada en The Lancet Psychiatry en 2016. Además, la prevalencia de los trastornos mentales comunes está aumentando en todas partes.

El estudio mencionado anteriormente sugiere que una ampliación del tratamiento de los trastornos mentales no solo aliviaría el sufrimiento humano, sino que respaldaría esa inversión en una mejor productividad. La investigación en neurociencias también tiene un papel importante que desempeñar para mejorar la prevención de los trastornos mentales. Todavía tenemos una comprensión parcial de cómo y dónde los tratamientos psiquiátricos actúan en el cerebro. Se están realizando importantes esfuerzos de investigación para comprender la base mecanicista de los trastornos mentales y para encontrar tratamientos que puedan ayudar a prevenirlos o revertirlos.

Los estudios de personas estrechamente relacionadas han demostrado que el autismo, la esquizofrenia, el trastorno bipolar y el déficit de atención son hereditarios en cierta medida. Los patrones constantes de genes asociados con trastornos psiquiátricos pueden ayudar a revelar problemas subyacentes. Las alteraciones moleculares y celulares pueden investigarse cultivando células madre que portan las mutaciones que causan el riesgo. Los avances en la capacidad de mapear los circuitos neuronales que sirven para funciones cerebrales superiores también proporcionarán nuevas bases importantes para comprender cómo la enfermedad mental afecta el sistema nervioso.

Desafortunadamente, muchas compañías farmacéuticas importantes se están retirando de la investigación sobre tratamientos psiquiátricos. Tal como se discutió en un taller organizado por el Foro de Neurociencias y Trastornos del Sistema Nervioso de las Academias Nacionales de Ciencias, Ingeniería y Medicina de EE. UU. En 2016, este descenso en la investigación se debe a una tasa de fracaso muy alta para los fármacos candidatos en ensayos clínicos. Sin un camino claro para desarrollar medicamentos rentables, las empresas farmacéuticas han perdido la motivación para invertir en la investigación de la neurociencia. Los trastornos mentales siguen siendo poco conocidos a nivel molecular, celular y de sistemas, lo que dificulta el progreso de los tratamientos. Sin nuevos conocimientos de investigación, los nuevos medicamentos tienden a parecerse a los medicamentos existentes que son más baratos y, por lo tanto, favorecidos por las aseguradoras.

Neuroética

Los avances en las tecnologías y tratamientos relacionados con el cerebro están planteando nuevos problemas éticos

Si bien podemos anticipar un progreso impresionante en la neurociencia en los próximos años, esos avances no serán tan dramáticos como se sugiere en las películas o en la ficción actual. En particular, las interfaces cerebro-máquina que hacen posible transferir la totalidad de los recuerdos o la personalidad de una persona a una computadora, o experimentar un mundo virtual real creado por una computadora, no serán una realidad en el futuro previsible. El funcionamiento interno del cerebro es demasiado intrincado e inaccesible para permitir el tipo de acceso preciso y completo que se necesitaría para tales interfaces elaboradas cerebro-máquina. Pero, si bien podemos diferir la consideración completa de los problemas éticos relacionados con la extracción de la mente o la inserción mental, existen muchos problemas éticos importantes que surgen incluso con el progreso actual en la neurociencia.

38

Los avances de la neurociencia se utilizan para alterar el comportamiento humano. En la mayoría de los casos, esas alteraciones son inequívocamente buenas: los medicamentos eficaces pueden aliviar la carga del dolor, la depresión, la ansiedad y otros trastornos del sistema nervioso, y la ética relacionada con estos tratamientos ha sido largamente discutida y comprendida. Sin embargo, en el futuro cercano, los avances tecnológicos introducirán nuevos problemas legales y sociales que requerirán atención y discusión. Muchos problemas relacionados con la neurociencia están estrechamente alineados con la bioética general, pero algunos problemas se asocian distintivamente con la manipulación del cerebro humano.

Se está convirtiendo en rutina para las personas sanas normales el uso de drogas y dispositivos que mejoran su atención, creatividad, estado de ánimo o personalidad. Existen preguntas sobre la seguridad de dichos potenciadores, pero la eficacia y la seguridad de dichos fármacos podrían mejorar fácilmente en el futuro. Quizás más importantes sean las preguntas sobre si estos potenciadores son completamente beneficiosos. Los críticos argumentan que violan la naturaleza humana y la autenticidad. El acceso diferencial a los potenciadores cognitivos también puede aumentar la brecha entre ricos y pobres. Del mismo modo, el desarrollo avanza en las drogas que pueden amortiguar los recuerdos. Estos pueden ofrecer un gran paliativo al aliviar el dolor asociado con recuerdos traumáticos, o reducir las asociaciones que conducen a la búsqueda de drogas, pero los neuroéticos se preocupan sobre si el uso de tales drogas disminuirá el sentido de identidad de una persona, y pueden ser abusados en muchas maneras.

El acceso generalizado a las herramientas de imágenes cerebrales ha permitido el desarrollo de la psiquiatría forense y métodos que pueden sondear los estados mentales de manera más efectiva que otros enfoques psicológicos o fisiológicos. A medida que los comportamientos se relacionan más estrechamente con funciones o disfunciones cerebrales específicas, es probable que evolucionen los conceptos sobre los actos y la responsabilidad de las personas, con implicaciones para la práctica tanto de la medicina como de la ley.

En la mayoría de los casos, es muy probable que los beneficios de los medicamentos y otras intervenciones en el sistema nervioso superen los problemas sociales, personales y filosóficos que podrían causar. Pero como el cerebro es el mecanismo de la gerencia y del yo, es particularmente importante que la discusión informada entre todas las partes relevantes sea parte del proceso a medida que se desarrollen nuevas intervenciones. Esta discusión deberá incluir profesionales de muchos campos, incluyendo medicina, psicología, derecho y política pública.

Trastornos neurológicos

La prevalencia de enfermedades neurodegenerativas aumenta a medida que aumenta la esperanza de vida

Los trastornos neurológicos son enfermedades del cerebro, la médula espinal o los nervios. Incluyen trastornos que implican la pérdida de células cerebrales sanas. Tal pérdida puede ser generalizada, como ocurre con la lesión cerebral traumática o con demencias como la enfermedad de Alzheimer. Alternativamente, la pérdida podría afectar las estructuras cerebrales específicas, como ocurre con el trauma cerebral, el accidente cerebrovascular o los trastornos del movimiento como la enfermedad de Parkinson. Las enfermedades neurológicas también incluyen el mal funcionamiento del cerebro y los nervios, como en la epilepsia o el dolor crónico. Los trastornos neurológicos, como los trastornos mentales, tienen un profundo efecto en la calidad de vida y la productividad económica. La Organización Mundial de la Salud enumera el accidente cerebrovascular por sí mismo como la segunda causa de muerte más frecuente en todo el mundo, solo superada por la cardiopatía isquémica. La investigación publicada en el Annals of Rheumatic Diseases en 2018 encontró que el dolor de espalda baja causa más discapacidad global que cualquier otra condición.

Afortunadamente, los rápidos avances en la genética y la biología de la regeneración han producido nuevas herramientas que están revolucionando el estudio de los mecanismos moleculares que son fundamentales para mantener   saludables   las   células   cerebrales.

Mapeo del Cerebro

Se están aplicando tecnologías avanzadas en un esfuerzo sin precedentes para mapear el cerebro.

Cada uno de nuestros cerebros contiene alrededor de 100 mil millones de células cerebrales que están interconectadas por más de 150,000 Km. de cableado celular para crear una red con más de 100 billones de interconexiones. Saber qué tipos de células en el cerebro están involucradas en un proceso mental diferente y cómo están conectadas entre sí es ahora una barrera importante para comprender todos los tipos de funciones cerebrales. Se cree que muchas formas de enfermedad mental surgen de defectos en la forma en que se conecta el cerebro, pero la información detallada sobre los circuitos cerebrales ha estado fuera del alcance de los científicos, dejando las teorías sobre la mayoría de los trastornos cerebrales e incluso la función cerebral normal como puramente especulativas. Mapear el cerebro en diferentes niveles, desde las conexiones moleculares a las células dentro de las redes más grandes, proporcionará una base para comprender cómo funciona el cerebro a lo largo de la vida y las diferencias entre los cerebros sanos y los no saludables.

La comprensión en este frente está avanzando rápidamente en base a nuevas tecnologías de mapeo cerebral. La resonancia magnética funcional (fMRI) permite a los científicos controlar la actividad en todo el cerebro humano mientras los sujetos ven diferentes estímulos, recuperan diferentes recuerdos o piensan en conceptos diferentes. Estos mapas funcionales proporcionan información sobre cómo las diferentes partes del cerebro contribuyen a diferentes estados mentales y cómo interactúan para producir pensamientos y acciones coherentes. Las tecnologías estrechamente relacionadas proporcionan una imagen general de cómo las diferentes regiones cerebrales están interconectadas en diferentes individuos.

Otras tecnologías permitirán extraer diagramas de cableado completos de cerebros humanos post-mortem. Los métodos para obtener imágenes del tejido cerebral a una resolución lo suficientemente alta como para ver las conexiones cada vez más pequeñas entre las células cerebrales se están automatizando y acelerando en gran medida, lo que permite visualizar todas las conexiones en pequeños volúmenes de tejido cerebral. Aun así, la cantidad de datos necesarios para representar un cerebro humano completo a una resolución lo suficientemente alta como para ver conexiones individuales es casi inimaginable: 1.3 billones de gigabytes, una cantidad que se acerca a la capacidad de todo el almacenamiento en el disco duro del planeta. Además, la reconstrucción de circuitos detallados basados en esos datos sin procesar ocuparía las supercomputadoras del mundo durante años.

Pero un circuito cerebral completo no es necesario. La capacidad de comparar volúmenes pequeños de cerebros sanos y no saludables es probable que proporcione información crítica sobre los cálculos realizados por los circuitos cerebrales normales y la forma en que funcionan mal en diversas enfermedades mentales. La cantidad y el tamaño de los circuitos cerebrales que se pueden reconstruir crecerán rápidamente en los próximos años. A medida que lo hacen, proporcionarán a los científicos nuevas opiniones críticas sobre el funcionamiento del cerebro

Comportamiento y toma de decisiones

La comprensión de los mecanismos neuronales que están en juego en la toma de decisiones está mejorando nuestras vidas en todos los niveles

Aunque nos gusta vernos a nosotros mismos como seres racionales, de hecho, nuestros comportamientos a menudo están lejos de ser óptimos. Esto es claro cuando se toman decisiones claramente malas, como en la drogadicción y la delincuencia. Los psicólogos y economistas siempre han sido conscientes de que nuestras decisiones diarias sobre compras menores o interacciones con otras personas suelen ser parciales y poco óptimas. Nuestros cerebros tienen mecanismos profundamente arraigados que nos han servido bien durante la evolución, pero que pueden impedirnos tener un rendimiento óptimo en el mundo moderno. Existe un creciente interés en si las ciencias sociales, incluida la economía, pueden beneficiarse de los puntos de vista de la neurociencia en el comportamiento.

La capacidad de observar y registrar las funciones cerebrales en combinación con nuevas herramientas como la realidad virtual, el aprendizaje automático y los dispositivos de registro miniaturizados está aumentando drásticamente nuestra comprensión de cómo la actividad de miles de millones de células cerebrales crea cognición y comportamiento. Esta investigación está conduciendo a una mejor comprensión de las estructuras cerebrales que subyacen en la toma de decisiones, cómo ponderan las recompensas y como aprendemos. Por ejemplo, un informe de la Universidad de Yale en una edición de 2016 de Trends in Neurosciences sugirió que las regiones específicas en el lóbulo frontal están específicamente involucradas en la toma de decisiones sociales. El progreso en esta área podría orientar una mejor toma de decisiones y promover una mejor comprensión de la naturaleza humana, con implicaciones que van desde la política pública a las relaciones interpersonales.

Los resultados de los estudios psicológicos sobre el comportamiento humano tienen aplicaciones prácticas para campos tan diversas como la escolarización, la economía doméstica, la política y la policía. La neurociencia tiene el potencial de proporcionar una visión mucho más rica de cómo las personas aprenden, viven e interactúan. Por ejemplo, una comprensión profunda del mecanismo de aprendizaje molecular, celular y de circuitos podría mejorar las estrategias que usamos para la educación. El trabajo integrado que combina resultados de Neurociencia, Psicología Cognitiva y Social y Economía del Comportamiento tiene el potencial de revolucionar los enfoques para optimizar el comportamiento humano y la toma de decisiones para ayudar a las personas a tomar decisiones racionales.

Ítem 7

Cambio de Comportamiento

Las ciencias del comportamiento son una herramienta poderosa que pueden ser manejadas por individuos, compañías y gobiernos para engendrar una toma de decisiones responsable y mejorar significativamente la calidad de vida.

Ya sea ayudando a las personas a mejorar sus hábitos alimenticios o aumentando sus ahorros para la jubilación, o ayudando a la empresa a engendrar una mejor colaboración y espíritu de equipo, o simplemente ayudando a los gobiernos a alentar a las personas a pagar sus impuestos, las ciencias conductuales tienen una importante papel en suavizar el camino de la sociedad en medio del cambio dramático y la convergencia tecnológica que acompaña a La Revolución Cognitiva, Cultural y Tecnológica.

Sociedad y gobernanza

Los conocimientos conductuales están informando la formulación de políticas y fomentando la participación cívica

La capacidad de los programas y las políticas públicas para mejorar el bienestar colectivo y la prosperidad en última instancia depende de cómo respondan los beneficiarios previstos. El diseño de sistemas y servicios públicos de salud, seguridad, finanzas, educación y otros puede beneficiarse al tomar en cuenta los rasgos psicológicos de las personas a quienes estos sistemas deben ayudar.

Los enfoques anteriores para la formulación de políticas a menudo se basaban demasiado en recompensas y castigos financieros, aunque el kit de herramientas de ciencias del comportamiento se ha expandido significativamente desde principios de la década de 2000; ahora incluye incentivos sociales y los llamados "empujones", o cambios sutiles en el entorno que empujan suavemente a las personas a tomar mejores decisiones, al tiempo que conservan su libertad de elección.

Estas herramientas de comportamiento toman en cuenta el hecho de que las decisiones no siempre resultan de una ponderación puramente racional del costo versus el beneficio, sino que a menudo están influenciadas por el razonamiento simplista, la intuición y los motivos sociales. Los diseños de comportamiento a menudo son más efectivos y menos costosos que los enfoques tradicionales que se basan en incentivos financieros o persuasión. Por ejemplo, millones de personas en el Reino Unido y los Estados Unidos han aumentado sus ahorros de jubilación en respuesta a un cambio simple en la forma en que se les presentan estos planes de pensión. Estos nuevos planes "Save More TomorrowTM", desarrollados por los economistas de comportamiento Richard H. Thaler y Shlomo Benartzi, hacen que las personas se comprometan a destinar una parte de los futuros aumentos salariales a sus ahorros para la jubilación, haciendo que la gente esté mucho más dispuesta a aceptarlas.

La ciencia del comportamiento también puede ayudar a aumentar la participación cívica, al motivar a las personas a ofrecerse como voluntarios, donar, firmar peticiones, participar en mítines, interactuar con sus representantes gubernamentales y votar. Aprovechar el sentido de identidad de las personas puede aumentar la participación electoral, por ejemplo. En un estudio publicado en Actas de la Academia Nacional de Ciencias en 2011, los investigadores demostraron que cuando los elementos de una encuesta preelectoral se redactaron para invocar la identidad preguntando: "¿Qué tan importante es para usted ser votante en las próximas elecciones?" en lugar de "¿Qué tan importante es para usted votar en las próximas elecciones?", los encuestados expresaron un mayor interés en registrarse para votar, y de hecho eran más propensos a votar.

Otras formas en que las ciencias del comportamiento pueden informar el diseño de sociedades que funcionan mejor incluyen motivar a las personas a pagar sus impuestos, evitar que las personas abandonen la universidad, aumentar las tasas de vacunación y promover el reciclaje y el consumo de alimentos más saludables. Una mayor colaboración entre los investigadores de ciencias del comportamiento, los gobiernos y las instituciones de la sociedad civil podría fomentar un viaje más exitoso a través de La Revolución Cognitiva, Cultural y Tecnológica.

Tecnología y digitalización

Enriquecer la interacción humana con la tecnología a través de la comprensión del comportamiento puede beneficiar a todos.

La tecnología y la digitalización han transformado nuestras vidas y, a menudo, las han hecho más eficientes, cómodas y conectadas. La tecnología también continúa siendo una fuerza importante para permitir cambios en el comportamiento, particularmente en términos de impulsar la productividad y apoyar estilos de vida activos. Los rastreadores de fitness pueden ayudar a motivar a las personas a hacer ejercicio, por ejemplo, especialmente cuando se combina con plataformas de redes sociales. Los gráficos de colores brillantes y las interfaces táctiles permiten la gamificación de desafíos que de otro modo serían más difíciles de superar. Un ejemplo: el aumento repentino y dramático en el juego de "Pokémon go" hace varios años, que logró sacar a millones de personas del sofá y afuera, incluso si solo por un momento.

A fin de obtener el máximo beneficio de estas tecnologías, su diseño debe fomentar una interacción fluida. El llamado efecto "uncanny valley" (utilizado en referencia al fenómeno por el cual una figura generada por computadora o un robot humanoide que tiene un parecido casi idéntico a un ser humano y despierta una sensación de inquietud o repugnancia en la persona que lo ve.) de representaciones humanas que son menos del 100% convincentes, por ejemplo, puede causar sentimientos de repulsión. Las ciencias del comportamiento pueden informar el diseño de tecnologías (aplicaciones móviles, avatares y robots y automóviles sin conductor) en función del conocimiento sobre cómo los usuarios piensan y toman decisiones. ¿Qué diseños atraen a los humanos? ¿Qué se puede entender intuitivamente? Al proporcionar respuestas a estas preguntas, la interacción de los humanos y las máquinas puede resultar en el máximo beneficio.

Además, los científicos del comportamiento pueden ayudar a dar respuestas a preguntas apremiantes sobre los riesgos de aumentar la digitalización, como cuál es el costo de monitorear y cuantificar cada aspecto de nuestra vida personal, cómo afectará esto a nuestro bienestar, y como nos sentiremos Cabe preguntarse ¿Cómo afectará esto a nuestro bienestar y cómo nos sentiremos como seres autónomos si la tecnología se hace cargo de tantas de nuestras tareas diarias? Y, por supuesto, ¿nos sentiremos más desconectados a medida que la interacción humana se mueve cada vez más de lo físico a lo virtual, cuál es el papel del error humano al causar violaciones a la ciberseguridad y cuáles son las consecuencias de las huellas digitales que dejamos atrás?

De acuerdo con un documento académico de 2013, Private Traits and Attributes are Predictable From Digital Records of Human Behavior, la inteligencia artificial puede predecir, con un alto grado de precisión, rasgos privados como la orientación sexual o puntos de vista políticos y religiosos, con unos pocos "me gusta" en Facebook . Esto es potencialmente alarmante, dado que en algunas partes del mundo las personas pueden ser legalmente procesadas por su homosexualidad o puntos de vista políticos. Un documento de 2017 de la facultad de la Universidad de Nottingham sugirió que la inteligencia artificial podría hacer un mejor trabajo que los algoritmos establecidos para predecir, según los registros médicos, la probabilidad de que un paciente sufra un ataque cardíaco, lo que podría facilitar la educación en riesgo poblaciones sobre medidas de precaución. El potencial de la inteligencia artificial para ser una maldición o una cura depende en gran medida de si los responsables políticos logran definir adecuadamente los límites de su uso.

Sostenibilidad y cambio de comportamiento

Las ciencias del comportamiento ofrecen herramientas para apoyar el comportamiento y el bienestar sostenibles.

La necesidad de un uso más sostenible de los recursos del planeta exige una perspectiva global a largo plazo. Los seres humanos a menudo luchan por actuar en beneficio de sus propios futuros intereses, o en los intereses de aquellos fuera de su entorno físico. Pueden aspirar a consumir menos, ahorrar más energía y agua, y comprar productos más sostenibles, pero a menudo recurren a malos hábitos y preferencias.

Los enfoques tradicionales para abordar esta llamada "brecha de intención-comportamiento" a menudo fallan. Simplemente informar a la gente sobre la importancia de la sostenibilidad a menudo no es suficiente para afectar su comportamiento, ya que la toma de decisiones a menudo se guía por influencias más efímeras como el estado de ánimo, el deseo a corto plazo o el hábito. La mayoría de las veces, las personas somos también flojas, en el sentido de que no tienen en cuenta toda la información disponible cuando toman decisiones, o prefieren las opciones convenientes y accesibles sobre las racionales. Para eludir esto, los científicos del comportamiento investigan no solo cómo la persuasión puede ser más efectiva, sino también cómo los cambios sutiles en el entorno, o los llamados "empujones", pueden facilitar que las personas actúen de acuerdo con sus aspiraciones.

Tales empujones siempre permiten la retención de la libertad de elección de los consumidores. Por ejemplo, el gobierno flamenco en Bélgica pudo aumentar las ventas de alimentos locales regionales y estacionales en hasta un 30% simplemente colocándolos a la altura de los ojos para los compradores. Mientras tanto, la presentación de porciones más pequeñas de carne junto a los tamaños más grandes dio como resultado una disminución de las compras de carne en un 20%. Los valores predeterminados también pueden funcionar como empujones potentes; un estudio realizado por investigadores del Instituto Max Planck para el Desarrollo Humano y el Instituto de Tecnología de Massachusetts, publicado en el Journal of Environmental Psychology, mostró que la proporción de personas que eligen una fuente de energía verde y sostenible en lugar de una fuente menos costosa y menos sostenible como el carbón se aumentará sustancialmente simplemente haciendo que la opción verde sea la predeterminada en un formulario de registro. A las personas no les gusta desviarse de lo que se muestra como predeterminado, posiblemente porque creen que indica una recomendación o una norma imperante.

Mientras tanto, un estudio publicado en el Journal of Public Economics mostró que proporcionar a los ciudadanos estadounidenses informes mensuales sobre su consumo de energía, junto con las comparaciones con sus vecinos, redujo su consumo de energía en aproximadamente un 2% con respecto a la línea de base. Incluso cambios pequeños, informados desde el punto de vista conductual, en los entornos en los que tomamos nuestras decisiones, o en las narrativas que usamos para dar sentido al mundo que nos rodea, pueden ayudarnos a actuar mejor de acuerdo con los mejores intereses del planeta.

Desarrollo humano

Los conocimientos sobre el comportamiento pueden mejorar la calidad de vida de jóvenes y mayores en todo el mundo

El producto interno bruto per cápita puede ser una buena forma de indicar el bienestar de una nación, pero las condiciones materiales ciertamente no lo son todo. Tal como lo reconoce la Organización para la Cooperación y el Desarrollo Económicos, la medida del bienestar debe incluir aspectos de la calidad de vida, el sentido de seguridad personal, las conexiones sociales, la felicidad, las habilidades y la educación. Las ciencias del comportamiento pueden ayudarnos a estudiar la mejor manera de lograr estos resultados.

Los pequeños aportes y cambios en la narrativa pueden ser efectivos para determinar cómo reaccionan las personas a la adversidad y si lo ven como un desafío que pueden superar. Por ejemplo, los científicos del comportamiento han arrojado luz sobre las condiciones bajo las cuales los estudiantes en las escuelas y universidades pueden florecer mejor. El Behavioral Insights Team, una empresa pública del Reino Unido, descubrió que menos estudiantes con antecedentes socioeconómicos desfavorables se postulan para la universidad que los estudiantes de familias con ingresos más altos, incluso cuando estos estudiantes tienen las mismas calificaciones y habilidades; sin embargo, si dichos estudiantes de familias de bajos ingresos recibían cartas de aliento de parte de estudiantes inscritos con el mismo origen socioeconómico, sus tasas de solicitud aumentaron en un 3%. Las intervenciones basadas en comportamientos también han mejorado efectivamente los resultados para los niños en el mundo en desarrollo.

Un ejemplo: intervenciones de desarrollo en la primera infancia que aumentan la estimulación psicosocial en niños de familias muy pobres. Un informe sobre una intervención en la primera infancia que tuvo lugar en 1986 y 1987 en barrios de bajos ingresos en Kingston, Jamaica, mostró que veinte años después, los niños con retraso en el crecimiento que habían recibido estimulación psicosocial ganaban, en promedio, un 25% más que los niños con retraso en el crecimiento que no recibió estimulación. Otra investigación ha examinado los límites que impiden que los niños asistan regularmente a la escuela en áreas remotas o afectadas por conflictos en el mundo. Un factor que se ha demostrado tiene un fuerte impacto en la asistencia es el tiempo de viaje del estudiante a la escuela. Por ejemplo, se ha demostrado que la instalación de escuelas en las aldeas en zonas remotas de Afganistán aumenta las tasas de matriculación escolar del 27% al 68%. El efecto también fue más fuerte para las niñas, reduciendo la brecha de género en la inscripción escolar.

El desarrollo humano se enfrenta a una miríada de otros desafíos. Por ejemplo, ¿cómo pueden las sociedades que envejecen en Europa, los EE. UU. Y Japón mantener la inclusión para los ancianos? En este sentido, es crucial identificar y eliminar las barreras que impiden a los adultos mayores mantenerse activamente comprometidos. Por ejemplo, las áreas residenciales deben construirse para permitir que los adultos mayores permanezcan sociales y móviles, a pesar de su movimiento limitado, agregando espacios públicos más accesibles con amplios asientos o proporcionando pasamanos.

Economía y finanzas

Las intervenciones basadas en comportamientos pueden mejorar los resultados para individuos, organizaciones y países

Los conocimientos sobre el comportamiento están empezando a tener serias implicaciones para las cuentas de ahorro de los individuos, los balances corporativos y los presupuestos nacionales. Apuntan en el hecho de que los humanos, incluso cuando toman decisiones financieras consecuentes, no siempre actúan racionalmente, sino que son propensos a los prejuicios. Un ejemplo típico es el llamado "efecto de anclaje" durante las negociaciones; las ofertas tienen una tendencia a ser fuertemente influenciadas por el primer número arrojado. Si un comprador por lo tanto llega a hacer su oferta primero, y ofrece una suma relativamente pequeña, esto debe sacar lo último, acordado hacia el extremo inferior del espectro.

Una intervención destacada, "Save More TomorrowTM", desarrollada por economistas del comportamiento, aprovecha un sesgo de decisión denominado "descuento hiperbólico" para ayudar a las personas a aumentar sus ahorros para la jubilación. El descuento hiperbólico tiene dos componentes: las personas desean evitar los costos en los que deben incurrir antes de los costos que pueden retrasar, y esta preferencia más tarde se vuelve menos pronunciada con el tiempo.

En consecuencia, los empleados están más dispuestos a sacrificar una fracción de sus salarios actuales para aumentar sus ahorros de jubilación, si el sacrificio se retrasa. Como parte de "Save More TomorrowTM", un consultor financiero se pone en contacto con un empleado lo antes posible, antes de un aumento salarial futuro, y le pregunta si desea aumentar su contribución a un fondo de pensiones con el primer cheque de pago después del aumento. Las contribuciones se incrementan con cada aumento hasta un máximo predefinido, a menos que el empleado desee darse de baja, lo que puede hacer en cualquier momento. El programa ha ayudado a millones de personas a aumentar sus ahorros para la jubilación.

Los gobiernos también se pueden beneficiar de los puntos de vista del comportamiento. Las personas pueden estar motivadas para pagar sus impuestos, si los estados reconocen y recompensan el buen comportamiento, y demuestran un buen uso público del dinero de los impuestos. Un documento de trabajo de 2017 publicado por el Banco Interamericano de Desarrollo citó un estudio en el que 400 personas de un municipio en Argentina fueron seleccionadas al azar de un grupo de 72,000 personas que habían pagado sus impuestos a la propiedad. Los contribuyentes seleccionados fueron reconocidos públicamente de una manera muy visible, cuando el gobierno construyó nuevas aceras frente a sus casas. Los que recibieron las nuevas aceras tenían un 7% más de probabilidades de pagar sus impuestos a la propiedad en los siguientes tres años, según el estudio. Además, los vecinos de quienes recibieron las nuevas aceras también eran más propensos a pagar sus impuestos en el futuro.

Organizaciones y negocios

Los conocimientos conductuales juegan un papel en la promoción de la productividad y la equidad

El resultado de cualquier organización o empresa es, en última instancia, la suma de personas que trabajan juntas, y los conocimientos de comportamiento pueden ayudar a aclarar qué prácticas organizativas mejoran la cooperación, aumentan la motivación y la productividad, y engendran espíritu de equipo. Para las empresas en particular, la cultura, el clima de trabajo, las estructuras de incentivos financieros y los estilos de liderazgo, gestión y comunicación siempre deben estar enfocadas.

La ciencia del comportamiento puede aumentar las prácticas de contratación justa, por ejemplo, y la promoción imparcial y la asignación de trabajo. Para evitar la discriminación en la contratación, algunas organizaciones han adoptado procedimientos de evaluación a ciegas. Las orquestas, por ejemplo, han logrado reducir sustancialmente la contratación discriminatoria que afecta a las mujeres músicas al hacer que los solicitantes de empleo hagan sus audiciones detrás de una cortina.

Otro estudio publicado en Management Science en 2014 demostró que un "empujón de evaluación" podría ayudar a superar el sesgo de género en el reclutamiento; los investigadores compararon las evaluaciones del comité de contratación realizadas por separado y en conjunto. Como era de esperar, la evaluación conjunta ayudó a facilitar las recomendaciones de contratación basadas en el rendimiento individual del solicitante, en lugar de en los sesgos de género de los candidatos u otros miembros del comité, lo que les ayudó a seleccionar candidatos de mayor rendimiento.

Por el contrario, las evaluaciones realizadas por separado condujeron a la selección más probable de hombres para los trabajos que requieren matemáticas, y las mujeres para los trabajos que requieren habilidades verbales, independientemente de los niveles de rendimiento anteriores de estos candidatos en ambas áreas.

Los conocimientos de comportamiento pueden extenderse más allá de las operaciones internas de organizaciones y negocios. Tienen implicaciones para las estrategias de mercadeo y ventas, ya que pueden discernir qué tan efectivamente influye la publicidad en las actitudes hacia una marca, por ejemplo, o los factores que explican la popularidad potencial de un producto. Mientras que los modelos económicos clásicos sugieren que los consumidores deberían beneficiarse de tener muchas opciones, se ha demostrado que, bajo ciertas condiciones, tener demasiadas opciones puede disminuir la motivación del consumidor hacia un producto, y la subsiguiente satisfacción con él.

Ítem 8

Realidad Virtual y Aumentada

La realidad virtual se inventó en la ciencia ficción y comenzó a emerger en forma concreta a través de un gabinete inmersivo de visualización de películas creado en la década de 1950.

Ahora, las aplicaciones comerciales para realidad virtual y aumentada (VR y AR) están floreciendo, y fundamentalmente están alterando la forma en que las personas interactúan entre ellas y sus entornos. Si bien las barreras tecnológicas y la falta de contenido han impedido la adopción masiva, la RV puede convertirse pronto en la plataforma de próxima generación para la comunicación, desplazando nuestra necesidad de viajes físicos e impactando en el consumo de energía relacionado. La RV también puede reducir el tiempo requerido para los ciclos de desarrollo de productos y aumentar las ventas en línea. Aparecerán nuevas formas de juegos inmersivos, experiencias cinematográficas y medios de comunicación, y cautivarán al público poniéndolo en el medio de los eventos.

Nuevas formas de hacer y comprar

La realidad virtual y aumentada está mejorando nuestra capacidad de entregar productos de calidad de maneras innovadoras

La realidad virtual y aumentada se ha adoptado fácilmente en todas las operaciones de fabricación para mejorar la eficiencia, la seguridad y la conectividad en el desarrollo, mantenimiento y reparación de productos. En el diseño del producto, las colaboraciones remotas son posibles, y los productos pueden experimentarse incluso antes de que se fabriquen, lo que aumenta la calidad del producto para los consumidores. En 2016, MIT Technology Review informó cómo los empleados de una empresa de construcción comercial usaban tecnología de realidad aumentada para evitar problemas antes de comenzar a trabajar en un sitio. Una revisión del proyecto realizada a través de la computadora HoloLens de Microsoft descubrió algunas inconsistencias en la medición que aún podrían corregirse antes de la implementación, lo que permite ahorrar costos en la entrega final del edificio y un proceso de entrega más fluido.

Si bien la realidad virtual (VR) puede ayudar a las empresas a visualizar previamente los diseños de las tiendas antes de que se construyan, la realidad aumentada (AR) puede cambiar fundamentalmente la forma en que los minoristas entregan sus productos a los consumidores. La funcionalidad y la calidad de los productos se pueden evaluar desde cualquier lugar, en cualquier momento. Un artículo de Harvard Business Review de septiembre de 2016 presentó varios casos de uso posibles: probar virtualmente la ropa en la comodidad de su propio hogar; probando la apariencia y el ajuste de los muebles directamente en la casa de uno; o posiblemente permitir que amigos en diferentes lugares compren productos juntos. La aplicación de AR gratuita KabaQ, lanzada en 2017, puede ofrecer atractivos modelos 3D de alimentos, lo que permite a los ciudadanos obtener una vista previa de sus comidas usando una tableta antes de hacer el pedido. La AR puede llegar a ser la opción más fácil para los minoristas que buscan explorar esta esfera, dado que se puede acceder a AR desde cualquier teléfono inteligente. Por otro lado, La VR todavía requiere un equipo especial y puede ser más adecuado para las empresas que para los consumidores en este momento. Sin embargo, las compras de realidad virtual probablemente despeguen una vez que la tecnología madure.

Barreras tecnológicas

Las barreras tecnológicas están obstaculizando la adopción masiva de VR y AR

La realidad virtual y aumentada (VR y AR) han sido tecnologías clave en nichos de mercado como la simulación de vuelo, la fabricación de automóviles y el entrenamiento militar desde la década de 1980. Si bien en el pasado los novelistas de ciencia ficción imaginaron que algún día podríamos acceder a un mundo alternativo basado en una simulación de realidad virtual, visores y dispositivos hápticos (aquellos que un usuario puede tocar y sentir virtualmente), la adopción masiva era impensable debido a realidades limitadas, capacidades gráficas de tiempo, potencia informática y el alto costo del hardware.

Con la democratización de las pantallas de alta resolución, el procesamiento móvil y el avance de los motores de juegos de alta gama, VR y AR están listos para generar un impacto global más allá del entretenimiento y los juegos, con aplicaciones en educación, salud, negocios, comercio minorista, redes sociales y comunicación en general. La adquisición de Oculus por parte de Facebook en 2014 ciertamente jugó un papel importante en la aceleración del surgimiento de esta tecnología. Otras compañías de Internet, software y telecomunicaciones como Google, HTC, Sony, Microsoft, Huawei, Tencent, Apple y Snap esperan que VR / AR finalmente despegue. A principios de 2016, Strategy Analytics estimó que la adopción temprana de audífonos VR generaría $ 895 millones en ingresos en el transcurso de 2016, al tiempo que advirtió que la tecnología VR podría no estar lista aún.

Ni siquiera un año después, en la primavera de 2017, Forbes informó que el interés y el número de unidades vendidas de VR / AR estaban sustancialmente por debajo de las expectativas, especialmente cuando se compara con las predicciones hechas para los teléfonos inteligentes cuando se introdujeron por primera vez. Este lento crecimiento es causado principalmente por barreras tecnológicas y una falta de contenido y aplicaciones exitosas. Si bien el precio de la tecnología seguirá bajando, los auriculares VR se enfrentan a limitaciones obvias de hardware, como sus formas incómodas y voluminosas e interfaces de usuario antinaturales. Las resoluciones de pantalla insuficientes, las velocidades de fotogramas y la latencia pueden causar ciber-enfermedad al usuario y evitar un uso prolongado. El desarrollo de esta tecnología no parece ser lo suficientemente rápido, y la creación de contenido virtual de alta calidad sigue siendo difícil y costosa.

Aunque se esperan avances importantes en el seguimiento de posición y óptica en los próximos años, los estudios publicados en The Guardian y Wall Street Journal han demostrado que los dispositivos actuales y las experiencias de realidad virtual pueden causar efectos secundarios físicos como cinetosis, náuseas, desorientación y dolores de cabeza. Se han documentado los efectos a largo plazo, como convulsiones y mala coordinación mano-ojo, y los investigadores han expresado su preocupación de que todavía hay un conocimiento limitado sobre cómo la RV afectará el desarrollo de los cerebros de los niños.

Los desafíos y los costos de producir y entregar contenido atractivo de realidad virtual es otra razón crítica para la lenta adopción. A pesar de las iniciativas agresivas de operadores como Oculus, HTC y Google para involucrar a la comunidad de desarrolladores para priorizar el contenido de realidad virtual de alta calidad, muchos productores y editores de juegos aún no están convencidos de que los sistemas de realidad virtual puedan brindar una experiencia superior. Sin embargo, Silicon Valley y los capitales de riesgo chinos no se están alejando de su potencial, y apuestan fuertemente por las nuevas empresas tecnológicas como Jaunt VR, 8i y Felix & Paul Studios para la creación de contenido de realidad virtual.

Si bien las soluciones de cámara 3D esféricas especializadas y las técnicas de captura de múltiples vistas a menudo están involucradas para grabar contenido de realidad virtual en vivo, las experiencias verdaderamente interactivas e inmersivas en realidad virtual aún dependen de canales de desarrollo de juegos convencionales, que son caros y lentos. Todavía tomará años hasta que las tecnologías para la creación de contenido escalable sean accesibles para los consumidores finales, pero los avances recientes en gráficos por computadora y aprendizaje automático son prometedores. Mientras tanto, estudios cinematográficos como Disney y Fox y prominentes cineastas de Hollywood como Jon Favreau están explorando la realidad virtual como un medio y una herramienta para la producción virtual rápida y la narración de cuentos para aumentar los tiempos de entrega en los canales tradicionales de cine.

Teletransporte digital

Como plataforma para la comunicación inmersiva, la realidad virtual tiene el potencial de reducir nuestras necesidades de viajes físicos

Con la aparición de la realidad virtual (VR), ahora podemos sumergirnos por completo en cualquier entorno virtual que pueda representarse en tiempo real utilizando los motores gráficos de hoy en día. Las nuevas experiencias cinemáticas registradas utilizando sistemas esféricos de cámara de 360 grados nos permiten tener la experiencia similar a la de teletransportarnos a ubicaciones y tiempos físicos arbitrarios. Las infraestructuras existentes de comunicación e internet ya fomentan las interacciones sociales al llevar a múltiples usuarios remotos a un espacio virtual común. A través de la realidad virtual, las tareas de colaboración se pueden hacer más eficientes y los juegos de múltiples jugadores habilitados para la realidad virtual se vuelven más atractivos que sus contrapartes tradicionales.

Sin embargo, la realidad virtual presenta una oportunidad transformadora significativa en la que los sistemas pueden ir más allá de solo mostrar contenido en 3D al digitalizar nuestras apariencias y al mapear fielmente nuestras acciones físicas en mundos virtuales en tiempo real. Cuando llegue el día en que la realidad virtual parezca una experiencia física real y la brecha entre los usuarios y sus avatares digitales desaparezca, esta tecnología tendrá el potencial de convertirse en la plataforma de próxima generación para la comunicación cara a cara, la interacción social e incluso uno mismo -presencia. El MIT Technology Review informó que un equipo de investigadores de la Universidad del Sur de California, en colaboración con Oculus y Facebook, demostraron el primer prototipo de pantalla VR montada en la cabeza con capacidades de detección del rendimiento facial que asignaban expresiones faciales a avatares digitales para inmersión comunicaciones bidireccionales.

Esta tecnología emergente no solo ha despertado el interés de los investigadores en la comunidad de gráficos por computadora y ha resultado en muchos proyectos de seguimiento por parte de investigadores de la Universidad del Sur de California, la Universidad de Kentucky, la Universidad Central de Carolina del Norte y otros, así como ups como Pinscreen, Loom.ai, BinaryVR, FOVE, AltSpaceVR y High-Fidelity. Las empresas de RV establecidas, como Oculus y Facebook, Google VR, Microsoft, Huawei y Tencent, también están ansiosas por explorar las capacidades sociales de realidad virtual utilizando avatares virtuales.

Como el renderizado y la simulación en tiempo real de humanos digitales están cerca de superar el "valle misterioso" una forma de transporte digital e inmersiva podría disminuir drásticamente modos de transporte físico relacionados con la comunicación (transporte aéreo, ferroviario y automovilístico) y, por lo tanto, reducen el consumo de energía en varios órdenes de magnitud. Las tecnologías de telecomunicaciones actuales, como las videoconferencias convencionales, no pueden desplazar por completo las reuniones físicas cara a cara debido a la falta de características esenciales de interacción humana. Un estudio publicado por investigadores de la Universidad de Ghent en el Journal of Information Technology and Management en 2016 informó que las limitaciones de los sistemas existentes incluían la capacidad de generar confianza, comunicar sentimientos, resolver conflictos y negociar acuerdos.

Sin embargo, con los avances recientes en la realidad virtual, las mejoras drásticas en las tecnologías de telecomunicaciones podrían permitir interacciones "en persona" muy efectivas que en realidad se llevan a cabo de forma remota. Los costos de transporte, el tiempo y la energía se pueden reducir significativamente, al tiempo que aumenta la productividad laboral. Dicha tecnología también puede tener un beneficio para combatir algunos desafíos persistentes que enfrentan los teletrabajadores, como los trabajadores remotos que sienten comunicaciones aisladas o ineficaces. Al promover el trabajo a distancia eficiente y multitarea, las personas pueden pasar más tiempo con sus familias y las empresas pueden reducir los costos de espacios de oficinas. Como resultado, habrá menos incentivos para subcontratar.

Similar al efecto de los teléfonos inteligentes en la sociedad moderna, en el que nuestras vidas se ven afectadas por la conexión constante, es probable que la realidad virtual altere la comunicación y las relaciones interpersonales. Si bien los dispositivos móviles y los mensajes de texto tienden a reducir la interacción cara a cara y las conversaciones familiares, las telecomunicaciones inmersivas podrían acercarnos nuevamente, aunque en forma digital.

Periodismo inmersivo y administración ambiental

El periodismo de realidad virtual coloca al público en medio de eventos de la vida real, permitiendo visitas virtuales a cualquier ubicación.

La realidad virtual (VR) puede ser una tecnología poderosa para cautivar a la audiencia colocándola en medio de eventos de la vida real en lugar de observarlos desde el exterior. Este nivel de inmersión puede crear empatía profunda y emociones para los espectadores, y es especialmente adecuado para eventos que tienen lugar en un espacio definido. Nonny de la Pena, un ex investigador senior en periodismo inmersivo en la Universidad del Sur de California (USC), desarrolló un sistema integral de realidad virtual, con el Laboratorio de Realidad Mixta en la USC. Los auriculares con seguimiento por movimiento se emplean para colocar al usuario en un entorno virtual impulsado por un motor de juego para transmitir noticias, documentales e historias de no ficción. Su trabajo "Hambre en Los Ángeles", que se mostró en el Festival de Cine de Sundance, es una simulación virtual de un hombre que cae en un coma diabético mientras espera la comida en un banco de alimentos. El participante interpreta a un testigo ocular y entra en la historia como un avatar digital en la perspectiva en primera persona. Se permite cierto nivel de interacción a través de eventos con guiones entre el usuario y otros personajes virtuales, lo que aumenta la sensación de presencia y conectividad.

Mientras que los audífonos VR comerciales de gama alta, como Oculus Rift o HTC Vive, son preferidos para experiencias profundas, las soluciones basadas en teléfonos inteligentes, como Google Daydream o Samsung Gear VR, pueden llegar a un segmento significativamente más grande del mundo, uno de objetivos clave del periodismo. A través de prácticas colaboraciones y experimentos tipo hackathon, la Escuela Annenberg de Comunicación y Periodismo de la USC es uno de los jugadores dominantes que explora las plataformas de realidad virtual móvil como un medio para contar historias digitales. En colaboración con ProPublica y el Texas Tribune, un equipo de la USC viajó a Houston en 2016 para filmar una experiencia inmersiva que investiga la vulnerabilidad de la ciudad a los huracanes. Los espectadores pueden experimentar escenarios de tormentas y visualizaciones de catástrofes naturales de la ciudad, todo en 360 grados. Si VR llegó para quedarse, el periodismo de realidad virtual será inevitable.

La RV permite que las personas sean transportadas a entornos y eventos extranjeros con un mínimo esfuerzo o costo. Los científicos postulan que tiene el potencial de convertirse en una herramienta potente para la conservación del medio ambiente. Los resultados de un estudio publicado en la edición de septiembre de 2016 del Journal of Computer-Mediated Communication sugirieron que los entornos virtuales inmersivos pueden ayudar a las personas a identificarse con los animales y los entornos en peligro. La XL Catlin Seaview Survey, cuyo objetivo inicial fue capturar evidencia visual del estado de los arrecifes de coral del mundo y poner esto a disposición de los investigadores, también puede tener el poderoso efecto secundario de la concientización. Eso es explícitamente lo que el equipo del Stanford Virtual Human Interaction Lab se propuso lograr con su Ocean Acidification Experience, una simulación de realidad virtual gratuita, lanzada en octubre de 2016. Al enseñar sobre las causas de la acidificación de los océanos, también busca incitar al espectador para ayudar a combatir este flagelo.

A través de su instalación de realidad virtual, Daniel Steegman Mangrane teletransporta virtualmente a los espectadores a una selva tropical brasileña capturada mediante escaneo láser 3D, lo que permite a la audiencia moverse por uno de los entornos del mundo que más rápidamente desaparece. La realidad virtual también puede servir para fines de investigación relacionados con la conservación. Investigadores de la Universidad de Tecnología de Queensland y la Fundación Lupunaluz capturaron imágenes de 360 grados para documentar las amenazas a los hábitats de jaguares en el Amazonas.

El objetivo de este ejercicio fue capturar datos visuales de los esfuerzos de conservación: al filmar el área, los investigadores pueden estudiar los hábitats amistosos y los patrones de comportamiento del jaguar desde lejos.

La ludificación de la vida y la distorsión de la realidad

Hoy podemos experimentar un mundo paralelo superpuesto al nuestro, desdibujando las líneas entre la vida real y los mundos virtuales.

La realidad aumentada (AR) significa que nuestra vida diaria tiene el potencial de expandirse más allá de lo que es visible para el ojo humano. En su película conceptual, Hyper Reality, el diseñador Keiichi Matsuda exploró cómo los contornos de los entornos urbanos pueden extenderse más allá de las estructuras físicas para incluir una capa virtual superpuesta formada por información digital.

El presidente ejecutivo de Apple, Tim Cook, postuló que los juegos AR tendrían un atractivo comercial más duradero que los de realidad virtual a lo largo del tiempo en una entrevista en febrero de 2017 con The Independent. Él pudo haber estado pensando en el inmenso éxito del juego de realidad aumentada Pokemon GO de Niantic, lanzado a mediados de 2016. El juego, que convirtió la vida cotidiana de las personas en un campo de juego, generó una cobertura mediática positiva y negativa. Algunos anunciaron que el software es inteligente para reintroducir actividad física en nuestras vidas digitales a menudo sedentarias; otros destacaron cómo las figuras nefastas se estaban aprovechando y robando a los jugadores inmersos en el juego. El diseñador de juegos Raph Koster ha pedido que los diseñadores de juegos de realidad virtual y aumentada presten atención a las lecciones de los juegos anteriores porque al crear un juego, un diseñador está creando una comunidad o sociedad virtual, y sin un diseño bien pensado, existe el potencial para que el comportamiento humano salga mal.

En 2017, la compañía de medios sociales Snap amplió sus populares filtros faciales con una nueva característica llamada World Lenses, en la que pueden agregarse pegatinas 3D similares a los juegos en mensajes de video, mezclando contenido real y virtual sin problemas con el propósito de comunicación y compartir experiencias. A medida que el poder de la computación continúa creciendo y se desarrollan nuevos algoritmos, las alteraciones de la calidad de los efectos visuales son previsibles en el futuro cercano. En unos años, ya no necesitaremos una batería tradicional de efectos visuales costosos para crear cualquier tipo de contenido para AR. Además, cuando esta tecnología esté ampliamente disponible, por ejemplo, tal vez tan ampliamente disponible como cualquier editor de video integrado para teléfonos inteligentes, las líneas entre la realidad física y la realidad virtual seguirán difuminándose. Mientras tanto, investigadores de la Universidad del Sur de California, la Universidad de Stanford y la Universidad de Washington están avanzando en técnicas de manipulación de video para alterar las expresiones faciales, los movimientos de los labios y los diálogos, fomentando la capacidad de generar noticias falsas creíbles y propaganda cibernética.

Aplicaciones de la asistencia de salud y efectos secundarios

La realidad virtual puede beneficiar el entrenamiento y la rehabilitación de la salud, pero también puede suponer un peligro para los desarrollos sociales.

Antes del lanzamiento generalizado de auriculares comerciales de realidad virtual (VR) dirigidos principalmente a audiencias de videojuegos y cinéfilos, la realidad virtual se había utilizado ampliamente durante un par de décadas en una amplia gama de aplicaciones médicas, desde capacitación sanitaria hasta rehabilitación física y educación. Los simuladores de cirugía inmersiva de alta gama brindan una configuración libre de riesgos para que los médicos practiquen procedimientos que salvan vidas. La realidad virtual también ha demostrado ser una herramienta efectiva y atractiva para capacitar a los profesionales en interacciones y procedimientos de pacientes, una mejora con respecto a los materiales de capacitación convencionales. Por ejemplo, los investigadores del Instituto de Tecnologías Creativas de la Universidad del Sur de California han desarrollado agentes de inteligencia artificial que los médicos pueden usar para practicar las habilidades requeridas para realizar evaluaciones de diagnóstico.

Desde finales de la década de 1990, la realidad virtual también se ha utilizado con éxito para tratar a pacientes con depresión y ansiedad, así como en condiciones como el trastorno de estrés postraumático (TEPT) en víctimas de quemaduras y guerreros. Los estudios realizados por Technische Universiteit Eindhoven, Oxford y University College London, respectivamente, también han demostrado que los tratamientos de RV pueden ser efectivos para el tratamiento de la paranoia, la adicción a las drogas, así como una variedad de fobias.

Debido al nivel de inmersión que proporciona a los usuarios y la capacidad de la tecnología para bloquear las distracciones del entorno físico, las experiencias reconfortantes de realidad virtual también han sido beneficiosas para los tratamientos terapéuticos y el control del dolor. En particular, han tenido éxito en aliviar el dolor de las víctimas de quemaduras o pacientes con cáncer sometidos a tratamiento o rehabilitación.

Estos efectos paliativos pueden ser uno de los mayores beneficios de la RV, ya que las tasas de supervivencia pueden aumentar a través de la reducción del dolor. La RV también puede ser una herramienta poderosa para cambiar comportamientos y generar empatía; Planned Parenthood, por ejemplo, ha creado una película de realidad virtual que transmite la experiencia de una mujer que cruza una fila de manifestantes para recibir atención médica. Con las tecnologías de realidad virtual convirtiéndose en la corriente principal, un cambio hacia una atención médica segura, centrada en el paciente e individualizada es, por lo tanto, prometedor en el futuro cercano.

Mientras que la RV puede tener un impacto positivo en la salud de los pacientes, las preocupaciones sobre su seguridad y el peligro potencial para nuestro desarrollo social y de salud deben tenerse en cuenta a medida que se desarrolle la tecnología. Más allá de la cinetosis y las náuseas causadas por las limitaciones tecnológicas actuales, se deben evaluar los efectos a largo plazo, especialmente cuando el nivel de experiencias de realidad virtual se vuelve cada vez más real. La facilidad de acceso con la que se puede acceder a la pornografía significa que el contenido de realidad virtual con temática sexual ya está en camino. La inmersión en el sexo de la realidad virtual podría conducir a adicciones severas y potencialmente hacer que las relaciones del mundo real sean menos atractivas para muchas personas. En consecuencia, dicha tecnología podría conducir a un debilitamiento de los vínculos matrimoniales y posiblemente a un aumento en las tasas de divorcio a largo plazo. Otros problemas de adicción, como la agresión, la violencia y el aislamiento, similares a los observados en otras tecnologías, como los teléfonos inteligentes o los videojuegos, que no son tan inmersivos como la realidad virtual, deben investigarse cuidadosamente.

Medios inmersivos y arte

Las tecnologías de inmersión se están utilizando para crear nuevas experiencias cinemáticas y para revisar las obras de arte antiguas de formas nuevas.

En 2016, el periodista Jesse Damiani argumentó en Upload que los medios inmersivos actuales están dominados por dos géneros: la realidad virtual verdadera (VR) y el cine de 360 grados. True VR ofrece a los usuarios la libertad total para explorar entornos virtuales en 3D, mientras que los videos de 360 están limitados por una experiencia de visualización estacionaria, similar a las vistas de galería panorámicas convencionales. True VR proporciona la interactividad y la profundidad de inmersiones necesarias, pero a menudo la experiencia se siente como un juego de ordenador.

Aunque en la actualidad son posibles entornos virtuales altamente convincentes y realistas con motores de juegos de última generación como Unity o Unreal, el proceso de creación de contenido es muy complejo y costoso. Las grabaciones de acción en vivo de Photoreal se pueden lograr fácilmente para tomas de 360 grados utilizando sistemas de cámara esférica como Google Jump o Ricoh Theta, pero no son posibles los ángulos de visión arbitrarios. A medida que la verdadera realidad virtual se vuelve cada vez más realista y las técnicas de captura de 360 grados se vuelven más sofisticadas, prediciendo regiones invisibles, es probable que ambos tipos de medios converjan a medida que pasa el tiempo. Por ahora, sin embargo, los cineastas, los desarrolladores de juegos y los artistas tendrán que elegir uno u otro.

Las técnicas cinematográficas en realidad virtual aún están en pañales. Jessica Brillhart, la principal cineasta de realidad virtual en Google, transmitió que la realidad virtual tiene que ver con poner al usuario en el medio de la acción para que se conviertan en participantes activos en lugar de observadores pasivos siguiendo la historia de un director. Sus videos de 360 VR se centran en una experiencia incorporada: una narración no lineal y no narrativa, en la que los creadores comparten su punto de vista con la audiencia, que parece teletransportar a los espectadores a un espacio y tiempo diferente. Una experiencia más participativa e inmersiva ha sido demostrada por el director Ramiro Lobez Dau (Oculus Story Studio) en su cortometraje animado Henry, lanzado en 2015. Los usuarios - ya no solo espectadores - pueden conectarse con el personaje principal cuando mira directamente a los espectadores, momentos de emoción extrema. Si bien esta producción de realidad virtual similar a Pixar recibió un premio Emmy en 2016 en una categoría de medios interactivos.

Las tecnologías VR y AR también están empujando las fronteras del arte hacia adelante, permitiendo a los usuarios escapar por completo a un mundo diferente a través de auriculares inmersivos asequibles. La artista australiana Lynette Wallworth ha experimentado con VR para contar la historia de un anciano indígena en su país natal. Su trabajo Collisions, es poderoso porque sumerge al espectador en la película y les permite experimentar rituales de una manera que antes no era posible con la cinematografía tradicional. Las colisiones se mostraron al Parlamento australiano en otoño de 2016, antes de su debate presupuestario, y el parlamento votó para incluir, por primera vez en 50 años de defensa, reparaciones para los pueblos indígenas que experimentaron las pruebas nucleares británicas en la década de 1950, que es el mismo tema del documental. Un ejemplo diferente proviene de un esfuerzo de colaboración basado en el Instituto de Tecnología de Massachusetts, titulado The Enemy. Este proyecto trae interpretaciones virtuales de combatientes en zonas de guerra al espacio de visualización de los usuarios, lo que les permite descubrir la humanidad compartida entre los combatientes, aparentemente justo enfrente de ellos.

Sin embargo, sería un error describir la ruptura de fronteras como la única aplicación de la realidad virtual en las artes. La tecnología también permite que las obras artísticas existentes sean revisadas de diferentes maneras. En 2016, una agencia digital británica creó una aplicación VR llamada Bosch VR, que permite a los usuarios de aplicaciones viajar a través del "Jardín de las Delicias" (1503-1515) del pintor holandés Hieronymus Bosch.

El arte cobra vida y los usuarios pueden moverse en la obra de arte. La aplicación WoofbertVR les permite a los usuarios visitar virtualmente la colección de muchos museos en todo el mundo, incluido el Victoria and Albert Museum de Londres, con fines educativos. Google ha lanzado experiencias similares a través de alianzas con varios museos, incluyendo la Dulwich Picture Gallery en Londres, el BOZAR en Bruselas, el Museu de Arte Moderna en Río de Janeiro y el Robben Island Museum en Ciudad del Cabo. La tecnología también permite a los usuarios explorar sitios arqueológicos, como la Exposición de Realidad Virtual de la Ciudad Prohibida que ofrece el Museo del Palacio en Beijing desde 2015. Si bien las soluciones actuales de realidad virtual basadas en teléfonos inteligentes aún están limitadas por resoluciones bajas y posiciones estacionarias, se espera que la tecnología mejorar rápidamente en los próximos años y el contenido será más interactivo.

Ítem 9

El Internet de las Cosas

El "Internet of Things", o IoT, nos rodea con una red de dispositivos y servicios inteligentes e interconectados capaces de detectar o incluso escuchar solicitudes o necesidades, y actuar en consecuencia. IoT está habilitando nuevos productos, servicios y modelos comerciales, y está creando maneras para que los gobiernos aumenten la participación pública y brinden mejores servicios. Algunos de los temas importantes relacionados con la tecnología incluyen la fusión de mundos digitales y físicos, una creciente necesidad de normalización adecuada, privacidad y riesgos de seguridad de datos, y una necesidad para que los gobiernos cultiven mejor su crecimiento y al mismo tiempo garanticen la seguridad

La estandarización

Demasiada estandarización, o muy poca, podría obstaculizar el despliegue de la Internet de las cosas.

El "Internet de las cosas" o IoT es una sopa de estándares. La prisa por capitalizar en mercados relacionados y en crecimiento y una variedad de requisitos tecnológicos y de la industria ha llevado a la proliferación de docenas de estándares para dispositivos, comunicaciones, administración de datos, diseño de plataformas y aplicaciones. Si bien la estandarización está destinada a simplificar el desarrollo, la sobre estandardización causa la fragmentación. Esto ya ha sofocado el desarrollo de IoT y ha dificultado el rendimiento de las aplicaciones. El problema puede empeorar antes de que mejore; los analistas proyectan que habrá hasta 20.400 millones de dispositivos IoT en funcionamiento para 2020.

Una de las mayores oportunidades presentadas por IoT también se encuentra entre sus mayores desafíos: la diversidad. ¿Cómo se puede crear un conjunto de normas que funcione igual de bien para lavavajillas, autos autónomos y relojes inteligentes? Cada objeto y servicio tiene sus propias consideraciones de diseño, dependiendo de cómo se usan o de las redes en las que operan. Para cada área individual de una industria, pueden existir varios estándares conflictivos, con jugadores tanto grandes como pequeños compitiendo para crearlos, fusionarlos, dividirlos o cerrarlos en cualquier momento.

Los usuarios finales no se preocupan por las tecnologías constituyentes, siempre y cuando sus sistemas funcionen; las empresas, de manera similar, desean la fluidez. En este punto, es poco probable que haya un traductor universal para los elementos dispares de IoT, y a la luz de la creciente complejidad del desarrollo, un alto nivel de fragmentación plantea riesgos de seguridad.

Nuevos negocios

El Internet de las Cosas está creando nuevas oportunidades intersectoriales

El Internet de las Cosas, o IoT, es tanto una evolución tecnológica como una revolución empresarial. IoT puede reducir costos, aumentar la productividad y abordar mercados existentes y nuevos. La confluencia de tecnologías detrás de IoT puede permitir que una empresa ofrezca datos, productos y servicios informados, relaciones de servicio continuas y nuevos modos de interacción con el usuario. Los profesionales ya no están limitados por la tecnología; están limitados solo por la visión.

Los datos de IoT permiten nuevos conocimientos que pueden mejorar los productos o servicios existentes, o simplemente convertirse en productos o servicios. En aplicaciones, los datos pueden ser un producto (análisis de rendimiento) utilizado para mejorar el diseño del producto, por ejemplo, los canales de música personalizados en un dispositivo móvil. Los datos también pueden habilitar la funcionalidad de un producto, como con un "espejo mágico" que puede mostrar información o mejorar un producto durante el uso (sistemas de navegación que optimizan el tráfico). Los datos también se pueden usar para optimizar la eficiencia de la producción (control del rendimiento para la fabricación) y para la logística (seguimiento de activos). La conectividad generalizada puede transformar un vehículo de venta única en una suscripción telemática en curso, mientras que la activación remota puede permitir que el sistema de HVAC de un edificio se controle en línea. (Heating, Ventilating and Air Conditioning Un sistema HVAC es un sistema de ventilación, calefacción y aire acondicionado).

Si bien IoT puede apoyar industrias individuales mediante el desarrollo de productos, existe un valor significativo en la intersección de las industrias. Por ejemplo, una red eléctrica conectada puede hablar con un automóvil conectado, optimizar el tiempo de carga y minimizar la carga de la red y el costo del consumidor, mientras que una tostadora conectada puede pulsar un despertador inteligente para garantizar que el desayuno esté listo a tiempo. Todas estas tecnologías funcionan porque se enfocan en la experiencia y ponen a los usuarios primero.

La IoT también puede admitir tecnologías emergentes. La realidad aumentada y virtual, por ejemplo, permitirá nuevos modos de visualización y control de datos, permitiendo a un individuo sin entrenamiento reparar una máquina al proporcionar una guía visual en tiempo real. Las máquinas conectadas y distribuidas pueden crear instalaciones de fabricación escalables capaces de satisfacer las necesidades de la cadena de suministro regional. Los aviones no tripulados se pueden utilizar para la recopilación de datos y el control remoto, mientras que la detección generalizada puede permitir que los dispositivos de bajo costo recopilen información.

La flexibilidad de IoT significa que no existen reglas que rijan lo que hace que un negocio de IoT sea efectivo o escalable. También hay desafíos únicos que enfrentar, incluyendo cómo valorar los datos y asegurar contra la pérdida de información, y proteger a los consumidores. Una de las conclusiones más interesantes de las empresas de IoT es que los profesionales pueden tener dificultades para identificar correctamente a los posibles usuarios y beneficiarios de cualquier aplicación determinada. Una empresa puede desarrollar una aplicación de mapeo solo para descubrir que las agencias gubernamentales no están dispuestas a pagar por la información relacionada, aunque los anunciantes están interesados en comprender mejor los datos demográficos de la audiencia.

Asistencia gubernamental

Las políticas y las asociaciones público-privadas pueden impulsar el Internet de las cosas.

Los gobiernos se encuentran en una posición única para ayudar a escalar y asegurar el Internet de las cosas o IoT. Pueden elevar la conciencia de los constituyentes sobre las tecnologías, oportunidades y riesgos habilitantes de la IoT, por ejemplo, lo que a su vez podría ayudar a la ciudadanía a comprender la mejor manera de implementar y relacionarse con los sistemas conectados.

Al involucrarse con innovadores y líderes, los gobiernos estarán en condiciones de prepararse de manera interactiva para IoT. Las aplicaciones de alto valor se apoyarán en una legislación efectiva de soporte: con un claro camino hacia adelante, será más fácil para los actores nuevos canalizar fondos hacia la innovación de la IoT.

Las aplicaciones conectadas tienen el potencial de maximizar la participación ciudadana, ayudar a las agencias locales y nacionales a ofrecer mejores servicios y ahorrar energía y otros recursos significativos. Por ejemplo, se pueden implementar programas para aprovechar los datos del sistema conectados a fin de mejorar la eficiencia del combustible del vehículo en tiempo real, reducir las emisiones de fábrica y mantener mejor los bienes de uso intensivo de energía.

A menudo, la relación más efectiva es la asociación público-privada, que puede ayudar a las empresas privadas a captar ahorros y transferirlos a las agencias gubernamentales, lo que redunda en beneficio mutuo. Una empresa de logística podría ofrecer utilizar información derivada de los datos para reducir los costos de alumbrado público de una ciudad, por ejemplo.

Privacidad y seguridad

El Internet de las cosas debe ser confiable, para que funcione bien

La propuesta de valor detrás de la Internet de las cosas, es la capacidad de generar datos confidenciales y de datos abundantes y precisos, lo que significa que la privacidad y la seguridad deben ser consideraciones clave. Es más probable que los usuarios confiados compartan datos valiosos, mientras que las empresas confían más en usar IoT para controlar las operaciones principales. La creación de sistemas que puedan proteger adecuadamente los datos confidenciales, al tiempo que protege los equipos contra el mal uso malintencionado y accidental, es un desafío considerable. Si consideramos los sistemas sensibles como la infraestructura de energía o los automóviles conectados a Internet, vemos que lo que está en juego es aún más importante.

Aunque la protección de la privacidad estaba poco desarrollada en IoT temprana, los usuarios finales de hoy generalmente entienden el riesgo inherente al compartir sus datos, esperan tener acceso a políticas de "inclusión voluntaria" cuando se trata de compartir datos y desean herramientas de visualización claras para la gestión de datos. La administración de datos cuando se trata de IoT es particularmente importante, ya que los ataques de hacking de alto perfil y la legislación relacionada y propuesta han aumentado la conciencia de los problemas de privacidad y seguridad.

Los usuarios finales ahora suelen preguntar: "¿Quién tiene acceso a qué partes de mis datos, y por cuánto tiempo?". Por lo tanto, las empresas ya no posponen la definición de políticas de propiedad de datos y deben buscar activamente equilibrar el valor, el factor positivo y el potencial escalofriante. Mientras tanto, los profesionales deben desarrollar y comunicar activamente políticas de privacidad de datos y propiedad centradas en el usuario.

La seguridad del sistema IoT debe ser administrada activamente. Las primeras iteraciones de la tecnología se basaban en la llamada seguridad a través de la oscuridad, o la idea de que los de afuera no podrían infiltrarse en un sistema, aunque los recientes ataques de botnet y los virus han convertido ese enfoque en algo del pasado. Los diseñadores deben aprender a visualizar las consecuencias involuntarias al implementar sistemas o enfrentar las repercusiones de, por ejemplo, permitir que un ladrón simplemente grite "¡Desbloquee la puerta de entrada!" A un asistente local como Alexa de Amazon a través de una ventana abierta.

Aunque las consecuencias involuntarias pueden ser desastrosas, el subterfugio puede ser incluso más. Un desarrollador deshonesto puede ocultar una vulnerabilidad dentro de millones de líneas de código, por ejemplo, para obtener acceso una infraestructura crítica.

La carga de la responsabilidad no es solo en los desarrolladores; la mayoría de los usuarios finales adolecen de poca higiene informática y deben tener cuidado de minimizar la exposición a las amenazas.

Digital vs. Físico

La Internet de las cosas aumenta los dispositivos físicos con interacción digital

El Internet de las cosas, difumina la línea entre lo físico y lo digital al funcionar como un "gemelo digital" compuesto por un objeto o sistema físico y un objeto o sistema digital, con una conexión entre los dos. Los gemelos digitales proporcionan interfaces de software para acceder a los datos del sensor y para controlar las acciones (o motores) asociados con un objeto físico. Esto permite que Internet sirva como un repositorio de datos y como una especie de control remoto para cosas físicas.

Como resultado, IoT permite que las interacciones digitales trasciendan limitaciones como la proximidad o el tiempo y faciliten un intercambio de datos más amplio. La abstracción de espacios físicos y digitales también facilita la creación de interfaces de software flexibles, que pueden conducir a mejoras de funcionalidad para bienes físicos.

Estas técnicas se usaron inicialmente para desarrollar bienes costosos, incluidos los equipos aeroespaciales y de minería, y la infraestructura utilizada en las ciudades "inteligentes". Ahora, la proliferación de sensores de bajo costo y poder informático ha acelerado la adopción industrial de duplicación digital para aplicaciones como mantenimiento predictivo y mejora del rendimiento para activos costosos, optimización de la utilización y control en tiempo real. Las tecnologías de apoyo, como el aprendizaje automático (o los ordenadores que efectivamente aprenden de forma independiente) y la inteligencia artificial, pueden ayudar a aprovechar estos espejos para detectar patrones e identificar proactivamente la necesidad de mantenimiento, actualizaciones o la recuperación de un dispositivo.

Ahora, la innovación está impulsando esta tecnología en bienes de consumo. Los recientes avances en la creación de representaciones de objetos ricas en datos, utilizando información dispersa del sensor, han reducido aún más los costos y han facilitado la duplicación generalizada, incluso del hardware desechable.

A medida que la duplicación digital se vuelve común, y las interfaces se estandarizan, la manipulación de dispositivos y datos se volverá cada vez más estrictamente digital. Un ejemplo: el gemelo digital de un motor de automóvil que se comunica con una carretera digital, con el fin de aumentar la eficiencia del combustible.

Diseño convergente

Internet de las cosas se basa en la innovación en todas las disciplinas.

El Internet de las cosas, difiere de la tecnología convencional en que se beneficia de la convergencia y la generalización, en lugar de la especialización profunda en silos. Los mejores profesionales de IoT aprovechan la convergencia para impulsar la innovación, creando oportunidades en la intersección de las industrias y tecnologías existentes.

La IoT se basa en ingeniería, negocios y ciencias sociales. Mientras tanto, se apoya en tecnologías como el diseño de radio, la informática, la criptografía y el aprendizaje automático, con el fin de admitir aplicaciones que van desde diagnósticos de automóviles y monitoreo de infraestructura hasta dispositivos portátiles. En lo que respecta a las ciencias sociales, IoT puede cambiar la forma en que las personas valoran y perciben los datos personales y la privacidad.

Las tecnologías constituyentes de IoT forman un lenguaje de diseño que puede describir el mundo de una nueva manera. Por ejemplo, la detección, la conectividad, la inferencia y la actuación (los mecanismos que crean el movimiento) han entrado en la lengua vernácula de muchas personas, como resultado del crecimiento de la tecnología. Las aplicaciones de IoT han ingresado de manera similar en nuestro vocabulario (hubiera sido difícil hace unos pocos años imaginarse decir algo como "dame tu WhatsApp, de contacto" a alguien). El nuevo lenguaje facilita nuevas aplicaciones y nuevos modos de interacción de dispositivos y servicios, y genera una comprensión común de IoT.

A medida que surjan nuevos productos, el vocabulario relacionado con IoT tanto del consumidor como de la industria seguirá creciendo. La forma en que pensamos sobre los productos y servicios cambiará de manera similar; pregúntele a un niño qué implica encender una luz, y él o ella puede suponer que no hay infraestructura de cableado detrás de un interruptor, y que el interruptor en cambio depende de la conectividad WiFi. ¿Por qué limitar nuestro pensamiento a cables, después de todo?

Para dominar este vocabulario en evolución y convertirse en una fuerza competitiva en IoT, las empresas deben aprovechar el conocimiento de áreas relacionadas con el fin de cultivar un nuevo tipo de innovación. IoT no se trata de volver a imaginar una disciplina conocida, se trata de utilizar las disciplinas existentes como un conjunto de bloques de construcción para crear algo más grande.

De esta forma, IoT democratiza la innovación, lo que le permite llegar desde cualquier lugar con acceso a un conjunto de talentos que pueden generalizarse y especializarse. Los equipos de ingeniería ya no deben estar aislados. IoT requiere un desarrollo integrado y multidisciplinario, y lograr un equilibrio entre la competencia y la asociación, entre los departamentos dentro de la misma empresa y en toda la industria. Las empresas que mejor puedan fragmentar la innovación, ya que piensan en las oportunidades y desarrollan soluciones, serán las más exitosas.

La escalabilidad es el objetivo

Para alcanzar su máximo potencial, Internet de las cosas debe diseñarse para la escalabilidad.

La industria y el gobierno ya están bien versados en la llamada conectividad máquina a máquina, donde los dispositivos se conectan entre sí para ejecutar una aplicación. El Internet de las cosas, lleva el concepto más allá, al proporcionar una plataforma para la interacción a gran escala más allá de las confinadas a una aplicación específica, y más allá de un conjunto limitado de máquinas.

La IoT funciona mejor cuando está ampliamente implementado, y puede formar densas redes de interacciones, recopilar datos entre países y controlar miles de motores. La generación masiva de datos a gran escala puede desbloquear un potencial significativo, ejemplificado por la forma en que el software de navegación Waze puede agregar datos de tráfico de los informes de los usuarios para proporcionar rutas óptimas. Sin embargo, la escalabilidad de IoT, o la capacidad de expandirse a medida que adquiere una mayor cantidad de datos e interacción, está limitada por los costos del sistema, los requisitos de recursos y las elecciones de diseño.

La IoT se basa en una combinación de sensores omnipresentes, potencia de cómputo relativamente económica y conectividad, y actuadores distribuidos (o motores y otros mecanismos que crean movimiento). Hasta hace poco, la informática ha sido costosa, hambrienta de energía y requiere gran cantidad de datos. Ahora, los microcontroladores, los sensores, etc., se han vuelto más eficientes desde el punto de vista energético, mientras que los algoritmos se han vuelto más efectivos, la compresión de datos ha mejorado y las nuevas arquitecturas reducen el costo del sistema y el consumo de energía. Las tecnologías de radio de baja potencia y los dispositivos alimentados por retrodispersión, o las ondas de radio fácilmente disponibles, se están volviendo prevalentes en la IoT a gran escala.

Si bien las mejoras a nivel de componentes hacen que IoT sea más sostenible, las mejoras más críticas estarán relacionadas con arquitecturas de sistemas y protocolos de comunicaciones. Otros elementos clave de escalabilidad incluyen requisitos de potencia, ancho de banda de red, recursos informáticos, almacenamiento de datos y costos operativos.

De particular importancia son las restricciones presentadas por la duración de la batería, el ancho de banda, el almacenamiento y el cálculo, que pueden aumentar los costos y la complejidad del sistema. Del mismo modo, la latencia y la disponibilidad de radio limitada pueden obstaculizar la efectividad de la implementación de IoT, mientras que el costo del dispositivo puede determinar si IoT es factible para una aplicación en particular.

Se necesita un diseño que tenga en cuenta los recursos disponibles para hacer que IoT sea sostenible en todas las industrias al menor costo posible. La reducción del consumo de recursos puede reducir el costo de los sistemas habilitados para IoT y relajar los requisitos del servicio.

Ítem 10

Impresión en 3D

La impresión 3D, o fabricación aditiva, proporciona la creación de productos complejos sin equipos complejos.

Esto es posible porque depende de la adición de capas de producto, en lugar de la resta o transformación de masas más grandes. La impresión 3D y la fabricación llegarían a ser un lugar común para 2022. Casi todos los productos de consumo serán el resultado de la impresión 3D para 2025.

Fábricas flexibles

Infinita variedad y personalización de productos está ahora en el horizonte

La fabricación aditiva ha introducido un grado incomparable de flexibilidad en la producción. Siempre que diferentes productos compartan un material común, estos se pueden fabricar juntos en un mismo lote, independientemente de su tamaño o forma. Además, siempre que las máquinas funcionen de manera eficiente, el costo de fabricación por artículo es prácticamente independiente del número total de unidades. Por lo tanto, los componentes de tamaño uno se pueden fabricar sin penalización, independientemente de cuánto difieran de otras variantes de productos. Un informe de 2013 liderado por la Organización de las Naciones Unidas para el Desarrollo Industrial sobre Tendencias Emergentes en las Industrias Manufactureras Globales reportó que las ventajas incluyen R & D más rápida y flexible, reducciones en desperdicios y tamaños de inventario, y mayores grados de personalización, porque los productos se producen una unidad a la vez.

La personalización ilimitada es una ventaja clave de la impresión 3D. La flexibilidad ofrecida ya está proporcionando muchas innovaciones en la entrega de atención médica. La fabricación aditiva está revolucionando los implantes, como los stents y las prótesis, pero en el futuro cercano, la bioimpresión, la creación de tejidos personalizados (incluidos los órganos) debería estar más ampliamente disponible. En campos no relacionados con la salud, la impresión 3D aumenta las posibilidades de sobrecarga del consumidor. Uno de los mayores desafíos es, por lo tanto, hacer que la personalización sea accesible para las personas, en términos de la configuración eficiente del producto. Con la capacidad de personalizar según demanda, existe el riesgo de que los consumidores se sientan abrumados por el amplio menú de opciones disponibles. Las empresas que dependen en gran medida de esta tecnología podrían ser prudentes al ofrecer un menú limitado de opciones.

Diseño para la fabricación por adición

La fabricación aditiva está introduciendo nuevas posibilidades para los diseñadores y nuevos desafíos para las organizaciones

La fabricación aditiva permite a los ingenieros diseñar y fabricar formas y objetos que no son alcanzables a través de tecnologías de fabricación sustractivas y convencionales. Las estructuras huecas, los sensores integrados y las celosías son solo algunas de las nuevas características de los productos fabricados aditivamente.

Como consecuencia de esta nueva tecnología, los diseñadores de productos pueden enfocarse en la función de sus creaciones en lugar de seguir las limitaciones de fabricación impuestas por las técnicas de fabricación convencionales.

Los resultados incluyen productos más ligeros y eficientes con funcionalidades mejoradas. Por ejemplo, estas nuevas posibilidades de diseño permiten aplicaciones en la fabricación de intercambiadores de calor de alta eficiencia o incluso en la conformación de implantes médicos que facilitan el crecimiento óseo y la oseointegración. Incluso las propiedades del material pueden alterarse en cierta medida adoptando soluciones de diseño especiales.

Esta nueva libertad en términos de complejidad de diseño tiene el precio de aprender nuevas reglas de diseño específicas para cada proceso. Los ingenieros ahora tienen que lidiar con cosas como estructuras de soporte, orientación de construcción, efecto de escalera en las superficies, deformación térmica y post-procesamiento de las piezas. Por lo tanto, aprovechar estas nuevas posibilidades requiere un conocimiento profundo de toda la cadena de procesos.

Tales reglas específicas de fabricación aditiva difieren por completo de los paradigmas establecidos para la fabricación convencional, y requieren un cambio de mentalidad en la forma en que los ingenieros diseñan los productos. El nuevo desafío para las organizaciones es proporcionar I + D para este conocimiento específico. Además, gran parte del software de ingeniería en el mercado, como los programas de diseño asistido por ordenador, imponen limitaciones al desarrollo de piezas de fabricación aditiva, ya que estos programas se concibieron para diseñar componentes para procesos convencionales.

Bioimpresión

La capacidad de imprimir tejidos funcionales e incluso órganos está en el horizonte

La Bioimpresión o la creación de tejidos personalizados (incluidos los órganos) revolucionarán la prestación de asistencia sanitaria. El 1 de noviembre de 2016, el Departamento de Salud y Servicios Humanos de EE. UU. Informó que 120,037 estadounidenses estaban esperando por trasplantes de órganos para salvar vidas de donantes vivos o fallecidos. La bioimpresión ofrece la posibilidad de crear tejidos funcionales que pueden comenzar a resolver la brecha entre la necesidad y los órganos disponibles para el trasplante. Un equipo de investigación de Harvard tuvo éxito en 2014 en la bioimpresión de tejidos vasculares complejos, es posible que el primer hígado impreso en 3D pudiera producirse para 2024.

Los desarrollos tecnológicos en el campo están superando los marcos regulatorios: los órganos bioimpresos probablemente aún enfrentarán muchos años de escrutinio antes de ser trasplantados a los humanos. Los ensayos clínicos de la Administración de Drogas y Alimentos de los EE. UU. Pueden llevar una década completa, por ejemplo. Las preguntas éticas sobre la patentabilidad y producción de tales órganos potencialmente salvavidas siguen abiertas.

Aplicaciones en órbita

La impresión 3D permite la fabricación directamente en el espacio

En 2014, los investigadores de Brookings Institution y KPMG informaron que la fabricación aditiva está pasando de ser una herramienta de nicho costosa para prototipos rápidos a usos de mercado masivo en industrias como la automotriz, la aeroespacial o la médica.

El espacio aéreo es un campo particularmente fértil para la invención. En el verano de 2016, la Administración Nacional de Aeronáutica y del Espacio (NASA) instaló la primera impresora 3D en la Estación Espacial Internacional, y los astronautas a bordo pudieron imprimir una llave directamente en el espacio (por supuesto con una pequeña modificación: un clip para asegurarse de no perderla en gravedad cero). En una escala más grande, el Archinaut de la NASA fue lanzado con la esperanza de permitir la fabricación de sistemas relacionados con el espacio mientras está en órbita, sin asistencia de astronautas. Un primer caso de prueba está programado para 2018.

La posibilidad de crear herramientas y estructuras directamente en órbita tiene consecuencias de gran alcance. Los viajes espaciales, en particular, pueden beneficiarse, dado que los astronautas podrán imprimir piezas de repuesto de inmediato, sin esperar que las órdenes lleguen a la Estación Espacial Internacional. Y estamos un paso más cerca de la habitación en el espacio: las pruebas llevadas a cabo por la Agencia Espacial Europea en 2013 demostraron la viabilidad de fabricar bloques de construcción a partir del suelo lunar simulado, que formaría la base de los hábitats espaciales inflables.

Alteración de la cadena de suministros

La fabricación aditiva está en camino de establecer nuevos paradigmas en las cadenas de suministro

La tendencia reciente de redistribuir las cadenas de suministro de producción, acercándolas gradualmente a su hogar, se ve reforzada por la impresión en 3D, -fabricación aditiva-. La fabricación aditiva ya ha permitido algunos ejemplos de fabricación descentralizada, principalmente en el dominio de productos no funcionales, caseros y hobbies. La tecnología promete una reducción drástica en la cantidad de pasos necesarios para obtener prácticamente cualquier forma o producto.

Gracias a esta característica, los productos pueden fabricarse más cerca del punto de uso. Sin embargo, los desafíos en términos de calidad fuera de la máquina, reproducibilidad del proceso y disponibilidad de materiales todavía limitan su adopción a escala industrial con fines de descentralización. En un escenario distribuido, la fabricación se realizará a través de impresoras 3D ubicadas cerca de los ciudadanos. La logística ya no significará el enlace entre proveedores y almacenes, sino la entrega de archivos de diseño digital. Para algunos grupos de productos, la impresión 3D y la fabricación distribuida pueden convertir la capacidad de fabricación en un producto básico y, por lo tanto, cambiar las actividades de valor agregado y la competitividad hacia el diseño y desarrollo de nuevos productos.

Actualmente, se encuentran disponibles muchos materiales diferentes para la impresión 3D: polímeros, pero también aluminio, cerámica y aleaciones avanzadas. Sin embargo, el procesamiento de varios materiales requerirá diferentes máquinas que explotan diferentes principios de funcionamiento subyacentes. Hoy en día, la fabricación aditiva se utiliza para producir piezas para muchos productos diferentes, desde juguetes hasta turbinas eólicas.

En las próximas décadas, la transformación de las cadenas de suministro iniciada por la impresión en 3D creará una demanda de nuevos conjuntos de habilidades entre los obreros. En lugar de entrenar para la fábrica, los trabajadores de fábrica del futuro deberán dominar estos archivos digitales.

Derechos de propiedad intelectual

La capacidad de copiar a pedido desafía el alcance de las protecciones de copyright.

La fabricación aditiva se está transformando fundamentalmente donde se guarda el valor de los bienes. Con la fabricación tradicional, el producto final lleva el valor hacia adelante. El advenimiento de la impresión bajo demanda como una opción viable para la producción a escala, en lugar de solamente un prototipo o prueba de concepto, significa que el valor ya no lo tiene el producto, sino el diseño que permite que el producto se cree y replique en todo el mundo

Este cambio de valor del producto al diseño significa que el valor de la propiedad intelectual detrás de los diseños aumentará aún más en el futuro en el diseño industrial. Un desafío clave con la tecnología de impresión 3D es que muchos dispositivos permiten que los objetos sean escaneados y luego reproducidos a través de procesos aditivos. El documento de trabajo de la Organización Mundial de la Propiedad Intelectual de 2015 sobre impresión 3D y el sistema de propiedad intelectual señaló que en tales escenarios el consumidor podía reproducir un elemento que el fabricante ofrecía previamente, saltando por completo la cadena de propiedad original y constituyendo una infracción de patente.

De acuerdo con este documento, esta reconstrucción de un objeto patentado es distinguible de la reparación legalmente permitida, por lo que un elemento dañado se reconstituye mediante impresión 3D. Por lo tanto, la adopción generalizada de la impresión 3D puede tener implicaciones para el desarrollo de la ley de patentes.

Otro desafío a los derechos de propiedad intelectual sería la difusión generalizada de los archivos de diseño pirateados, que también eluden la cadena de propiedad original y que también pueden contener defectos. Gartner, Inc. proyectó en 2013 que, para el año 2018, la impresión en 3D sería responsable de una pérdida anual de $ 100 mil millones en propiedad intelectual, por lo que este es un problema a tener en cuenta.

Impacto ambiental

La impresión en 3D proporciona ventajas y desafíos medioambientales

La fabricación aditiva tiene el potencial de reducir el vertido, las emisiones y el consumo de energía en al menos tres formas. En primer lugar, en lugar de tallar productos a partir de masas de material sólido, deposita capas de material uno encima de otro para crear productos, lo que reduce drásticamente el consumo de materias primas. En segundo lugar, las nuevas oportunidades en diseño permiten la fabricación de productos ligeros y más eficientes que requieren menos energía mientras se operan. En tercer lugar, un cambio a una producción más localizada reducirá la necesidad de transporte y, por lo tanto, reducirá las emisiones directamente.

Al explotar las nuevas posibilidades de diseño ofrecidas por la impresión 3D, la boquilla de combustible del LEAP de General Electric permitió reducir el número de componentes de dos dígitos a uno. Aún mejor es que este diseño aerodinámico redujo el consumo de combustible y las emisiones en un 15%, de acuerdo con las cifras del fabricante.

Sin embargo, hay algunas preguntas sobre la compatibilidad ambiental del proceso de fabricación aditiva. Por un lado, usa una cantidad significativa de energía. En 2008, los investigadores de la Universidad de Loughborough determinaron que las impresoras 3D de calor o láser que producen plásticos podrían usar hasta 100 veces más energía que la fabricación tradicional para fabricar el mismo objeto. Finalmente, los plásticos, uno de los materiales más prevalentes en la impresión 3D, no son muy respetuosos con el medio ambiente, ya que persisten en lugar de degradarse si se dejan en la naturaleza.

Ítem 11

Materiales Avanzados

Las funcionalidades mejoradas de Materiales Avanzados ayudan a definir La Revolución Cognitiva, Cultural y Tecnológica.

Los materiales ahora pueden interactuar con su entorno para mejorar y adaptar el rendimiento; los ejemplos incluyen materiales que pueden responder a la luz y otras formas de ondas electromagnéticas o al calor, y traducen las señales al comportamiento. Ciertos materiales pueden biodegradarse a una velocidad específica, reduciendo el desperdicio o curando el tejido orgánico en forma de implantes quirúrgicos. Otros pueden curarse a sí mismos.

Cada vez somos más capaces de diseñar y construir materiales a partir de la escala atómica, lo que nos otorga un control sin precedentes de funciones y propiedades, ya sea un comportamiento cuántico o la combinación de dureza y resistencia para resistir condiciones extremas.

Descubrimiento y diseño modernos

Las herramientas, procesos y esquemas de descubrimiento actuales son más poderosos que nunca

Nuestra capacidad de visualizar la materia con gran detalle, hasta el nivel atómico, ha mejorado dramáticamente en los últimos años. Justo en la última década, los avances en las técnicas de imagen han permitido a los investigadores observar el comportamiento de los materiales a medida que operan, obteniendo grandes avances en la comprensión y mejora de los parámetros funcionales. Por ejemplo, la tomografía de alta resolución en tiempo real produce vistas 3D de la arquitectura de un dispositivo y cómo cambia en su entorno de trabajo.

El progreso en la ampliación de las condiciones experimentales requeridas para la observación de materiales también está alcanzando técnicas tradicionalmente más estrictas, tales como microscopía electrónica de alta resolución (microscopía electrónica de barrido, SEM o microscopía electrónica de transmisión, TEM) o espectroscopía de fotoelectrones de rayos X (XPS), caballos de batalla de caracterización de materiales. Del mismo modo, los avances en el poder de la computación y la visualización de datos tienen un gran impacto en la fase de diseño de las aplicaciones basadas en materiales, por ejemplo, a través de simulaciones informáticas más precisas, aproximaciones semiempíricas o teóricas.

La fabricación distribuida no solo exigirá nuevos patrones de demanda de nuevas materias primas, específicamente para la impresión 3D. También puede permitir la recopilación de datos, el aprovechamiento de la creatividad y las capacidades eficientes en todo el mundo (a lo largo de las líneas de la iniciativa Materials Genome - iniciativa del Genoma de Materiales-). La optimización continua de la precisión y el acceso de las técnicas de caracterización dará como resultado una mayor comprensión de los problemas de materiales, y ciclos de retroalimentación más cortos que reducen el tiempo necesario para abordarlos.

El enfoque de diseño que evolucionó a medida que realizaban la transición de mili- a micro- a nanoescala ahora está entrando en un período de diseño de escala múltiple donde las propiedades en diferentes niveles se entienden cada vez más en sincronía.

Simbiosis tecnológica

Las tecnologías que permiten La Revolución Cognitiva, Cultural y Tecnológica están evolucionando conjuntamente, pero los materiales permiten la mayoría

El futuro se definirá por la evolución de múltiples tecnologías. Hoy más que nunca, las interacciones entre las tecnologías avanzadas tienen un papel fundamental en su propio desarrollo. Por lo tanto, las tecnologías de materiales y los problemas que se abordan, tienen un papel definitorio en la informática (a través del control de las leyes de la física a nivel de componentes individuales como memoria, circuitos o dispositivos de almacenamiento de datos), mejora humana (en ensambles biocompatibles, ópticos dispositivos o componentes esqueléticos) o tecnologías espaciales (desde los sistemas de propulsión o comunicaciones hasta las estructuras de los vehículos).

Del mismo modo, el progreso en materiales avanzados también se ha beneficiado enormemente de los rápidos desarrollos en informática, que ofrecen potentes herramientas de modelado y visualización, diseño in silico (modelos por ordenador), manipulación y análisis de datos, permitiendo el diseño de materiales de abajo hacia arriba y la optimización a través de ciclos de retroalimentación.

La próxima generación de materiales probablemente incorporará tecnologías emergentes como la robótica y la inteligencia artificial en procesos integrados de descubrimiento, desde el diseño experimental hasta la creación de prototipos rápidos, la adquisición y el análisis automáticos de datos, la toma de decisiones y la optimización automática de soluciones.

Los límites continuarán difuminándose y los materiales evolucionarán sistemáticamente. Esto se aplica no solo a la aplicación y las interrelaciones entre tecnologías, sino también a otras aportaciones importantes al proceso de desarrollo. Los científicos de datos, los programadores y los diseñadores de algoritmos trabajarán mano a mano con científicos de materiales y representantes de las disciplinas más tradicionales, lo que tendrá un efecto en la implementación de conocimientos especializados y la consolidación cruzada.

Las regulaciones estrictas en el uso de materiales pueden obstaculizar las habilidades de otros sectores para conquistar sus desafíos más apremiantes. Estos riesgos se pueden minimizar en gran medida aumentando la eficiencia de la colaboración, ampliando la educación y los intereses de científicos e ingenieros, e involucrando a todas las partes interesadas en la toma de decisiones.

Economía circular de materiales

Los avances en el campo están permitiendo un ciclo de vida completo sin desperdicio

La escasez de recursos y la responsabilidad ambiental han sido durante mucho tiempo impulsores del uso racional de los materiales. Ahora más que nunca, los principios de una economía circular deben incluirse en todas las etapas de fabricación y utilización de los materiales. Se buscan y desarrollan nuevas fuentes sostenibles de materias primas y métodos de reciclaje.

El panorama para obtener los componentes minerales críticos de los dispositivos de alta tecnología es testigo de la aparición de tecnologías novedosas como la minería biológica, donde el uso de modernas tecnologías de edición de genes permite la manipulación de organismos que aumentarán los rendimientos de extracción. La transformación química y física de las materias primas en formas funcionales está en constante búsqueda de procesos sostenibles. Los cultivos, como el maíz, se transforman en polímeros biodegradables para empaques y dispositivos médicos.

La fabricación aditiva y una fabricación substractiva más rápida y precisa continuarán su optimización para reducir los desechos a niveles mínimos, y otras técnicas de fabricación como el auto-ensamblaje y la biosíntesis pueden abrir nuevas vías. Sin embargo, para que florezca una verdadera economía circular de materiales, es importante eliminar el concepto de 'fin de vida', especialmente para los metales. Las iniciativas de minería urbana complementan los esfuerzos establecidos (pero insuficientes) de recuperación y reutilización de metales, especialmente debido a que las corrientes de desechos verán una cantidad relativa creciente de sistemas electrónicos y otros sistemas funcionales.

Para la materia blanda, la degradación biológica puede renacer debido a nuestra mayor capacidad para modificar organismos capaces de romper enlaces químicos, pero se requiere investigación adicional, especialmente en el desarrollo de nuevos sistemas enzimáticos con la actividad requerida para ser introducidos deliberadamente en sistemas de tratamiento de residuos. Tecnologías como blockchain pueden permitir una trazabilidad precisa de los materiales a lo largo de todo su ciclo de vida, informando con mayor precisión sobre el perfil de sostenibilidad de las sustancias.

Los sistemas de ciclo cerrado, la reutilización del agua y las bajas emisiones de carbono del procesamiento industrial son desafíos abiertos para las industrias extractivas y transformadoras. A medida que el dinamismo aumenta debido al rápido cambio tecnológico y la demanda de nuevas aplicaciones, el sector debería aprovechar todas las oportunidades para incluir elementos de diseño en una economía circular.

Funcionalidad múltiple e indirecta

Las intersecciones entre diferentes áreas están demostrando la promesa de la multifuncionalidad.

Los requisitos en las áreas más dinámicas exigirán un nuevo orden de rendimiento en el nivel de materiales. El sector acelerará su cambio de mentalidad al campo de la multifuncionalidad: una comprensión más profunda de las propiedades fundamentales permitirá el diseño personalizado de materiales de abajo hacia arriba que ofrecerán un rendimiento en muchas áreas simultáneamente, minimizando los riesgos. Por ejemplo, las necesidades que residen en la intersección de la biología, la medicina y los materiales requerirán el diseño integrado de los espacios sanitarios para incluir una gama de soluciones.

Las superficies combinarán la actividad biocida con otros mecanismos de control (por ejemplo, implantes que provocan la regeneración tisular). Una combinación de propiedades de biocompatibilidad, termo-respuesta y auto-señalización abrirá caminos en la medicina regenerativa. Los materiales serán cada vez más diseñados para combinar propiedades estructurales y funcionales.

La biología a su vez sigue siendo un modelo desafiante pero enriquecedor para materiales avanzados. Al igual que los sistemas biológicos que entregan actividad y selectividad a través de la acción coordinada de múltiples agentes, pronto diseñaremos sistemas cooperativos en los que la combinación de múltiples materiales proporcionará funciones únicas.

La experimentación rápida y sofisticada también impulsará aplicaciones de funcionalidad indirecta donde, por ejemplo, la actividad similar a un fármaco se muestra por la acción de especies iónicas en procesos tales como la estimulación celular o la rotación inducida. La síntesis precisa de nanopartículas catalíticas deberá complementarse con funcionalidades biológicas y de otro tipo para romper las barreras existentes en la degradación de los residuos fotoinducidos.

La biología también nos muestra cómo diseñar mejores compuestos estructurales y materiales que muestran el grado de autonomía que antes solo se veía en los dispositivos. Esto no se alcanza a través de nuevos algoritmos, sino de dominar los principios básicos que resultan en autocuración, autolimpieza, autoensamblaje y biomimetismo y renovación.

Vidas mejoradas

Los materiales avanzados están remodelando la fabricación, nuestra combinación de energía, cuidado de la salud, etc.

A medida que aumenta la esperanza de vida, se enfoca en mejorar la calidad de vida a lo largo de la vida. Algunos de los desarrollos más grandes de nuestros tiempos han sido posibles gracias a los desarrollos en materiales avanzados. Este campo fértil permite hoy en día algunos de los elementos más emocionantes de la vida moderna, a la vez que mejora la seguridad.

Los osciladores en las antenas hacen que la conexión inalámbrica sea confiable, confiamos nuestras vidas a las matrices de sensores que componen los equipos médicos, y nuestra fotografía digital ya no es borrosa gracias a nuestra capacidad de diseñar sensores de movimiento piezoeléctricos precisos. Los dispositivos electrónicos son más rápidos debido a pantallas resistentes más sensibles y circuitos más rápidos. Los vehículos son más seguros y más eficientes gracias a las aleaciones, compuestos y vidrios más ligeros y resistentes.

Las contribuciones de materiales a una combinación energética eficiente y sostenible merecen una mención especial: el carbono poroso u óxidos metálicos ayudan a los supercondensadores a aprovechar y entregar potencia en los sistemas de frenos de vehículos híbridos, el silicio o la energía fotovoltaica de perovskita hacen que la energía solar sea una realidad y una oportunidad debido a los electrodos de platino en las celdas de combustible. Los compuestos nos ayudan a aprovechar la energía eólica. El progreso en baterías de litio significa una mejor potencia móvil: más liviana, más duradera, de carga más rápida y segura.

Los beneficios sociales y económicos no se limitan a las industrias emergentes de alta tecnología, ya que los sectores establecidos también se ven impactados por los materiales avanzados: brocas, equipos de corte, revestimientos funcionales y una gran cantidad de materiales estructurales que aportan valor a la fabricación y a la industria. Comprender su rol será crucial para la sostenibilidad de toda la economía.

Los dispositivos de cerámica y vidrio se utilizan para producir estrategias menos invasivas que permiten la curación de los huesos y las heridas crónicas. Las superficies de trabajo de los materiales de implante tienen propiedades antibacterianas para reducir la dependencia de los antibióticos. Las nanopartículas se muestran prometedoras en terapias dirigidas contra el cáncer. Las aleaciones con memoria de forma y los polímeros están permitiendo el uso de stents inteligentes que tratan enfermedades cardiovasculares.

Un nuevo contrato social

El desarrollo en tecnologías de materiales requiere una gestión adecuada de los riesgos para las personas y la sociedad

Todas las revoluciones industriales anteriores expusieron a los individuos y las sociedades a los riesgos, y podría decirse que fue el mismo progreso tecnológico el que nos permitió mejorar nuestras prácticas de gestión de riesgos. Sin embargo, la interconexión de las tecnologías que sustentan La Revolución Cognitiva, Cultural y Tecnológica exige nuevos enfoques para abordar de manera efectiva cualquier impacto negativo en las comunidades y las personas. Por ejemplo, si bien existe un creciente interés en abordar las consideraciones éticas de la inteligencia artificial y la robótica, el caso puede ser diferente para los materiales, ya que las personas usan dispositivos y ensamblajes.

Se necesita una consideración transparente y consciente de la seguridad humana (por ejemplo, en lo que respecta a la toxicidad física o química y los niveles de exposición a la radiación) en cada etapa del ciclo de vida.

Del mismo modo, los riesgos sociales merecen una consideración especial. El progreso en la tecnología de la batería de litio no puede obviar los derechos humanos básicos de los niños en riesgo de ser explotados en las minas de cobalto en el África subsahariana. Cualquier cultivo que se realice para la producción de materiales puede ser un riesgo para la biodiversidad. El rápido desarrollo de procesos energéticos basados en transformaciones nucleares no debe prevalecer sobre los sistemas de seguridad necesarios para proteger a las comunidades cercanas a los reactores. Los riesgos para la calidad del aire y del agua y la integridad de los sistemas alimentarios requieren una visión verdaderamente sistémica.

Ítem 12

Sensores

Nos encontramos con sensores como parte de la vida cotidiana, en forma de GPS en nuestros teléfonos y en la vigilancia de seguridad en nuestras oficinas, y en situaciones más excepcionales, como tomar una resonancia magnética o secuenciar ADN. Los nuevos desarrollos en materiales y usos de sensores tienen el potencial de mejorar nuestras vidas de manera revolucionaria.

Comportamiento del consumidor y la teoría del empujón

Ahora tenemos las herramientas para eliminar las conjeturas de saber lo que es bueno para nosotros

La genética puede influir positivamente en nuestras elecciones de consumo, gracias a los sensores. El concepto de "Nudgeomics", introducido por primera vez por Christofer Toumazou y Maria Karvela en el otoño de 2016, implica el uso de un tipo especial de sensor, así como bases de datos, para "empujar" a un comprador hacia productos específicos basados en la composición genética. Por ejemplo, evaluar los genes de una persona que regulan el metabolismo de un ingrediente alimenticio como el azúcar podría permitir recomendaciones de productos, como un snack bar, que sean nutricionalmente más adecuados para esa persona.

El Nudgeomics ayuda a explicar cómo la biología puede (y debe) influir en nuestra toma de decisiones, y cómo tenemos un sesgo inherente para ciertas opciones. En el futuro, la genética de mallado con el llamado Internet de las cosas (conectividad a Internet dentro de las máquinas y dispositivos que nos rodean) podría reforzar significativamente nuestra salud y bienestar general.

Los psicólogos del comportamiento, los economistas del comportamiento, los neurocientíficos y los encargados de formular políticas comparten un interés en empujar suavemente a las personas en mejores direcciones, sin forzarlas. Ofrecer esto en una escala global guiando a las personas con un empuje basado en ADN tiene el potencial de generar un impacto profundamente positivo en la salud y el bienestar.

Confiabilidad, dependencia y ubicuidad

Los sensores están omnipresentes, por lo que los problemas de seguridad relacionados son críticos.

Todos los teléfonos móviles que transportamos todos los días tienen una serie de sensores incorporados, micrófonos de alimentación, cámaras, tecnología GPS y WiFi. Los sensores están realmente en todas partes.

Eso ha llevado a una sensación potencialmente inquietante de omnipresencia, particularmente en el caso de los micrófonos colocados en los ordenadores personales en nuestros hogares, o la vigilancia constante de la televisión de circuito cerrado. El ya mencionado en Ítem 9 Internet de las cosas, que ha traído un número cada vez mayor de dispositivos que nos rodean en línea, ha suscitado temores de una pérdida de privacidad.

Sin embargo, también nos estamos volviendo cada vez más dependientes de los sensores, para la seguridad y el bienestar. Algunos sensores especializados se han vuelto críticos para la supervivencia, como los de los marcapasos cardíacos y los desfibriladores cardíacos. Las prótesis que pueden acceder a un sistema nervioso y ayudar a los sordos y ciegos, también con sensores, solo aumentarán nuestra dependencia.

Para aplicaciones críticas como el monitoreo de la salud o los sistemas de notificación de emergencia, la confiabilidad es un tema clave para los sensores. Pero la percepción de que la tecnología de los sensores erosionará cada vez más la privacidad personal será el principal obstáculo que obstaculizará su propagación.

Nuevos materiales y tecnologías.

Nuevos tipos de sustratos extienden la vida útil y la confiabilidad de los sensores

Los sensores tienen un trabajo difícil: convertir una cantidad física, como un elemento químico o biológico, en una variable eléctrica o mecánica. Este llamado proceso de transducción generalmente es posible gracias a un sustrato especial, o sustancia, aplicada a la superficie de un sensor. Por ejemplo, la superficie de los sensores químicos podría tratarse con enzimas especiales.

Uno de los desafíos clave en el desarrollo de sensores es la creación de nuevos tipos de sustratos que puedan extender la vida útil y la confiabilidad de los sensores, a la vez que reducen su costo (en términos de producción y consumo de energía). El sensor actualmente utilizado para el monitoreo continuo de los niveles de azúcar en la sangre, por ejemplo, puede durar hasta dos semanas, y luego su desempeño se deteriora debido a la bioincrustación (un exceso de microorganismos acumulados en una superficie). La prolongación de la vida útil de estos sensores podría ayudar directamente a las personas con diabetes a controlar y reducir el costo del tratamiento. Recientemente se han desarrollado varios sustratos nuevos, como nanopartículas, nanoalambres y electrónica impresa (para sensores flexibles).

Además, se utilizan nuevos sensores electroquímicos para medir la glucosa y el colesterol. Estos sensores permiten el monitoreo continuo de las concentraciones vitales fisiológicas y hormonales, en lugar de tener que depender de mediciones únicas que podrían verse sesgadas por la variación diaria.

Sensores inteligentes

Las iteraciones complejas pueden analizar datos y actuar sobre ellos

Los llamados sensores inteligentes generalmente tienen una funcionalidad adicional, que ayuda a filtrar los diluvios de datos para extraer información de manera inteligente.

Un ejemplo de un sensor inteligente simple es un dispositivo de termostato que puede regular mecánica y proactivamente la temperatura para hacer cosas como apagar un hervidor cuando el agua está hirviendo, o apagar una tostadora. Los sensores inteligentes más complejos incluyen una nueva generación de sensores de glucosa en sangre utilizados por los diabéticos. Estas herramientas utilizan el procesamiento de datos para conectarse con las bombas de insulina en un sistema de circuito cerrado, que en efecto forma un páncreas artificial.

Al revisar los datos brutos y solo informando lo relevante, los sensores inteligentes pueden realizar tareas como la autocalibración, que en general puede aumentar la confianza en las mediciones.

Redes de sensores

Aumentar la conectividad significa aumentar los riesgos de seguridad

A medida que los sensores que nos rodean se conectan cada vez más a través de redes inalámbricas conectadas a Internet, surgen serias dudas sobre posibles inconvenientes. Las redes conectadas de sensores pequeños, de costo relativamente bajo y de eficiencia energética son herramientas importantes para el manejo de tareas como el monitoreo del aire, el suelo y el agua, particularmente en lugares de difícil acceso. También pueden ser útiles para detectar actividad sísmica y para mantener las áreas seguras mediante la vigilancia.

Sin embargo, un número creciente de redes de sensores conectadas a Internet también proporciona puntos potenciales de entrada y transmisión para aquellos que desean hacer daño a los usuarios de Internet, al perturbar el tráfico.

Estos problemas de seguridad se extienden a los sensores en red que forman parte de los dispositivos o implantes portátiles, diseñados para controlar la actividad física o problemas de salud. Además, las redes de sensores también prevalecen en el llamado Internet de las cosas, lo que hace que los dispositivos comunes en nuestros hogares y oficinas sean puntos de entrada en línea por posibles infracciones.

Procesamiento de datos sensoriales y análisis de datos.

Los datos del sensor en tiempo real mantienen el mundo funcionando sin problemas

Recolectar y procesar datos de manera inteligente puede traer beneficios tangibles. El fabricante de motores de automóviles y aviones Rolls Royce, por ejemplo, recolecta continuamente datos de más de 10,000 motores en servicio, ayudando a la compañía a ayudar en el mantenimiento y reparación de aeronaves, a la vez que reduce significativamente los costos de servicio y aumenta la confiabilidad.

Otro ejemplo de uso de sensores para optimizar recuráoslo encontramos en los centros meteorológicos que recopilan datos de imágenes de satélite, temperatura y viento para predecir los patrones climáticos a largo plazo y ayudar a las empresas a trazar sus actividades.

El procesamiento de datos sensoriales es un sector de rápido crecimiento que se basa en algoritmos de aprendizaje automático para proporcionar análisis predictivos, que pueden utilizarse para optimizar recursos y reducir costos.

Ítem 13

Cadena de Bloques (blockchain)

Un blockchain proporciona un registro inmutable de transacciones realizadas a través de una red sin la necesidad de depender de un intermediario, como un banco central. Es un concepto reúne la economía y las tecnologías digitales de una manera que no se había concebido previamente. Blockchain no solo permite nuevos medios para ofrecer servicios financieros, sino que también puede redefinir el gobierno, los servicios legales, la contabilidad, las cadenas de suministro y la distribución de energía.

Gestión de imagen e identidad.

Las soluciones efectivas y apropiadas para la gestión de identidades son componentes cada vez más indispensables de nuestra sociedad digital.

La identidad y su gestión son bases fundamentales para nuestras interacciones cotidianas como ciudadanos, consumidores y empleados. Dentro de una sociedad y economía cada vez más digitalizada, la manera en que se gestiona la identidad es fundamental para garantizar que se obtengan los beneficios a gran escala de las tecnologías digitales. Desde la banca y las finanzas hasta la atención médica, la gestión de la identidad es fundamental. Blockchain puede ayudar a responder a la necesidad de identidad y gestión de personas en el mundo digital a través de una gestión de identidad inmutable y contextual, un sistema de gestión de identidad que se adapta mejor a las necesidades cambiantes del mundo.

La gestión de identidades también es fundamental para permitir que el mundo alcance algunos de los objetivos clave de desarrollo sostenible. De acuerdo con el Objetivo de Desarrollo Sostenible 16 de las Naciones Unidas, los sistemas efectivos de gestión de identidades pueden ayudar a lograr la protección social y ayudar a enfrentar las crisis y los desastres. Además, puede ayudar a crear sistemas económicos locales más resilientes, reducir la corrupción, eliminar los costos de las remesas y ayudar a empoderar a las mujeres.

Las soluciones de Blockchain pueden ayudar en la creación de sistemas de identidad digital robustos y resistentes que también proporcionan una transparencia superior a los sistemas existentes, permitiendo a los ciudadanos comprender mejor todos los datos almacenados sobre ellos y también saber cuándo otros han accedido a sus datos. Los principales desafíos para resolver estos problemas incluyen garantizar la escalabilidad de la cadena de bloques y la protección de la privacidad de los individuos en una amplia gama de casos de uso de gestión de identidades.

Gobernanza y ley

Diversas industrias, comunidades técnicas y usuarios finales buscan orientación sobre las ramificaciones legales de la adopción de blockchain.

Tradicionalmente, las tecnologías digitales a menudo han superado la tasa de regulación y la práctica legal. Blockchain empuja esto a un nuevo nivel, sin embargo, desafían fundamentalmente la manera en que nuestros gobiernos manejan la economía y los marcos de políticas, así como la forma en que los servicios legales se pueden proporcionar. De hecho, desafía el significado de la ciudadanía y cómo se prestarán los servicios gubernamentales. Puede permitir que los gobiernos transfieran el poder a las áreas regionales de una nación, al tiempo que conserva la administración sobre el sistema en general.

Estos problemas tienen implicaciones más amplias que la tecnología sola: el uso de blockchain en la regulación y las esferas legales tendrá un gran impacto en otras industrias. Se requerirán nuevas prácticas contables, se necesitarán desarrollar nuevos procesos de auditoría, por ejemplo, el código deberá ser auditado de la misma manera que los contratos legales y los documentos financieros en la actualidad. Es necesario desarrollar nuevos medios para gestionar los procedimientos de reclamación a medida que las tecnologías digitales se integran más profundamente en el mundo que nos rodea. Por lo tanto, Blockchain puede tener un profundo impacto en la contabilidad, la ley, la regulación y la política, incluida la forma en que pensamos acerca de cómo educamos estas profesiones.

Estructuras económicas y sociales.

Las tecnologías Blockchain están permitiendo nuevas estructuras económicas y sociales

Blockchain es la primera tecnología de economía realmente digital, una que reúne la economía y la tecnología de una manera que nadie había previsto antes. Permite la redefinición de la confianza no solo dentro de las industrias sino también dentro de la sociedad misma. Muchos aspectos de los modelos actuales de interacción en Internet pueden ser mejorados y mejorados por blockchain y su capacidad para manejar la confianza y las transacciones de una manera nueva. Las comunidades locales y de usuarios finales pueden usarlo para coordinarse entre sí de una manera de igual a igual sin necesidad de depender de intermediarios a gran escala.

La creciente necesidad de un reequilibrio de las cadenas de suministros locales y globales, puede gestionarse mediante el uso de blockchain. Mediante la aplicación de blockchain como un mecanismo para intercambiar valor y crear un registro inmutable de las transacciones, los individuos y las pequeñas empresas pueden crear escala y alcance para colaborar y, en algunos casos, competir con las cadenas de suministro globales. Esto permitirá un reequilibrio de las cadenas de suministro mundiales y garantizará un impacto medioambiental reducido al reducir el transporte de mercancías en todo el mundo cuando sea innecesario.

Blockchain puede proporcionar transparencia y crear mayores eficiencias al proporcionar un registro inmutable de las transacciones en toda la cadena de suministro. También puede crear nuevos conocimientos para los reguladores que, en algunas circunstancias, deben ver la procedencia de los diferentes componentes en determinados momentos. Por ejemplo, dentro de una cadena de suministro de alimentos, puede proporcionar una mayor transparencia en los escándalos alimentarios o la contaminación, lo que permite a los reguladores ver exactamente qué áreas se han visto afectadas y dirigir mejor los esfuerzos para eliminar los problemas.

Un desafío clave con blockchains es asegurar que surja una versión industrializada de estos sistemas que brinde la escalabilidad, robustez y seguridad necesarias para manejar las transacciones requeridas por las cadenas de suministro a gran escala y los problemas de gobernanza asociados. En el centro del problema se encuentra una compensación entre la escalabilidad y el nivel de resiliencia ofrecido por un blockchain con respecto a factores tales como la protección contra la censura y los actores malintencionados.

Sostenibilidad ambiental

Las credenciales ambientales de la tecnología blockchain están bajo revisión

El impacto ambiental y la sostenibilidad de ciertas tecnologías de blockchain, especialmente aquellas que hacen uso de procesos de minería basados en un mecanismo de consenso de prueba de trabajo para proteger la integridad de la cadena, son controvertidas. Una proyección publicada por Vice en marzo de 2016 sugirió que la cadena de bloques de Bitcoin solo podría consumir alrededor de 14 gigavatios de energía para 2020, tanto como el consumo de energía de un país como Dinamarca, a pesar de los avances proyectados en la eficiencia energética del hardware de minería.

En el lado positivo, la tecnología blockchain tiene un papel clave que desempeñar en varias aplicaciones beneficiosas para el medio ambiente, como la habilitación y auditoría de la economía circular, el comercio de carbono y los mercados energéticos de igual a igual.

Gestión de recursos descentralizada.

Los usuarios finales buscan un número cada vez mayor de sistemas innovadores de gestión de activos

El creciente interés en las economías colaborativas o de intercambio y servicio se puede activar a través de blockchain. A través de sus capacidades transaccionales, es capaz de ayudar a coordinar activos, empresas e individuos débilmente vinculados para alcanzar objetivos colectivos. Puede ayudar a reducir drásticamente los costos de transacción asociados con los modelos de operaciones de intercambio y de servicio. Permite que formas de propiedad radicalmente nuevas emerjan y formen dentro de nuestro sistema económico.

Blockchain puede desempeñar un papel fundamental en la reconfiguración de la cantidad de servicios de utilidad que se proporcionan; por ejemplo, puede redefinir cómo se construyen y entregan los servicios de red de comunicación mediante el cambio en la entrega, gestión y pago de la infraestructura física y del espectro. Dentro de los sistemas de energía y agua, se puede usar para crear mercados de energía de igual a igual con mayor flexibilidad para los usuarios finales y los propietarios de la infraestructura.

Un desafío clave en este espacio es cómo medir el PIB en un sistema con una gran cantidad de activos descentralizados. Mediante la captura de un registro de las transacciones, blockchain puede ayudar con la recopilación de datos para medir la economía digital.

Sin embargo, un mundo cada vez más digitalizado ha hecho que aumente la cantidad y el tipo de ciberataques en todo el mundo. Además, las infracciones de datos son cada vez más comunes, ya que la reducción de los costos de procesamiento y almacenamiento en todo el mundo significa que se almacenan más datos durante períodos de tiempo más largos. Además, a medida que los sensores se integran más en nuestra vida cotidiana, aumentan la escala y los tipos de posibles ataques de seguridad.

Se necesita una comprensión clara de las políticas de regulación de la privacidad asociadas con blockchains y tecnologías digitales similares para abordar esta necesidad. Además, un desafío clave es garantizar la privacidad de los usuarios finales y la seguridad de extremo a extremo de las soluciones implementadas en blockchains.

Productos y servicios financieros

Los bancos y los usuarios finales buscan productos y servicios financieros más seguros y rentables

La tecnología de Blockchain puede ser mejor conocida como el apuntalamiento de monedas virtuales como Bitcoin, que ha provocado una furia especulativa a medida que los inversores apuestan a nuevos medios de pago descentralizados. Pero las cadenas de bloques pueden ayudar a abordar de manera eficiente la necesidad de productos y servicios financieros múltiples y rentables que puedan cumplir con regulaciones financieras relativamente pesadas. Por ejemplo, los requisitos de transparencia y auditabilidad encontrados en la pieza de regulación promedio se pueden cumplir más fácilmente mediante el uso de blockchain.

Desde una perspectiva más amplia, se puede considerar que blockchain aleja a la industria de los servicios financieros de los enfoques orientados al proceso y hacia los flujos de trabajo basados en datos.

El seguro y las transacciones financieras transfronterizas son ejemplos de áreas en las que blockchain puede mejorar drásticamente los procesos comerciales, mientras que muchas otras industrias podrían beneficiarse de los nuevos medios para administrar los flujos financieros. El cumplimiento de las reglamentaciones comerciales internacionales también podría mejorarse mediante la creación de un registro de auditoría inmutable de todas las acciones financieras tomadas por diferentes entidades económicas a través de blockchains.

Ítem 14

Drones

Los aviones no tripulados pueden otorgar acceso a cualquier persona al espacio aéreo, con muy pocas barreras de entrada. Estos sistemas de aeronaves no tripuladas están creando valor ya que aumentan los rendimientos de los cultivos, reducen las huellas químicas, reducen las emisiones de gases de efecto invernadero y actúan como un salvavidas para las poblaciones rurales en lugares de difícil acceso. Los avances en el desarrollo de la batería, la miniaturización del sensor y la potencia computacional están haciendo que los drones sean una herramienta común en una amplia gama de industrias. A largo plazo, se están desarrollando sistemas de drones autónomos para transportar personas dentro de las ciudades. Sin embargo, la prevalencia de los drones puede estar limitada por la capacidad de tiempo de vuelo, los obstáculos regulatorios, las percepciones públicas de riesgo y privacidad, y una comprensión imperfecta de su valor.

Inteligencia artificial y aprendizaje automático.

Las rutas de vuelo están siendo optimizadas para lograr objetivos sin participación humana

La inteligencia artificial y el aprendizaje automático, o la capacidad de los ordenadores para autoaprendizaje, permiten una planificación de vuelo autónoma para drones y hacen que los datos que recopilan sean útiles y aprovechables. Sacar a la persona físicamente de un avión permite características de vuelo innovadoras; también lo hace sacar a la persona del proceso de toma de decisiones detrás del lanzamiento de un dron.

Los fabricantes autónomos de aeronaves como Airobotics, Matternet y Google imaginan un futuro en el que los vuelos se planifican y ejecutan mediante algoritmos, que pueden optimizar las rutas en función del riesgo que presentan las personas y el clima. A medida que el espacio aéreo se congestiona más, la priorización y el rendimiento deben ser aumentados por la inteligencia artificial que, junto con el aprendizaje automático, se encuentra entre las tecnologías facilitadoras más importantes para los drones a medida que aumenta su uso e impacto económico.

Como plataforma de sensores, los drones a menudo proporcionan datos en cantidades mayores de las que las personas pueden procesar de manera eficiente. El análisis rápido y automatizado de esta nueva información aérea puede proporcionar a los agricultores recomendaciones inmediatas sobre cómo aplicar fertilizantes, productos químicos o agua, o informar a los guardaparques acerca de hacia dónde se dirigen los cazadores furtivos de especies en peligro de extinción. También puede permitir inspecciones de infraestructura que puedan reconocer la fatiga y las irregularidades del metal, antes de que se conviertan en un problema.

Política e impacto social

Las preocupaciones de privacidad y seguridad dominan la discusión sobre los drones

Para aprovechar plenamente las ventajas de las tecnologías de drones y establecer un espacio aéreo integrado que brinde acceso a todos los jugadores, se necesitan cambios importantes en materia de reglamentaciones, sociales y de políticas. Para la aviación tripulada tradicional, el desarrollo de estándares y reglas ha requerido décadas. Mientras tanto, los ciclos de productos para drones suelen ser de un año o menos.

Las Autoridades de Aviación Civil necesitan acomodar este ritmo más rápido con marcos regulatorios flexibles. Los extensos cambios en los métodos de certificación y autorización del espacio aéreo, que representan un cambio fundamental de la certificación basada en sistemas a un enfoque basado en riesgos y resultados, serán un estudio de caso para los desafíos de gobernabilidad que sustentan La Revolución Cognitiva, Cultural y Tecnológica.

Las preocupaciones sobre la privacidad siguen siendo una barrera importante para la adopción generalizada de drones. La propiedad de datos recopilados, por ejemplo, es un tema importante que debe abordarse a medida que las tecnologías maduran y los sensores de drones van más allá de la simple recolección de datos ópticos.

Debido a que los delincuentes y los terroristas disfrutan de la misma barrera de entrada y de los requisitos mínimos de capacitación para usar drones como todos los demás, la tecnología podría representar un peligro para la sociedad. La policía desconfía de la naturaleza anónima del vuelo de drones, donde un piloto puede estar a kilómetros de distancia de una aeronave, lo que a su vez ha limitado la adopción regulatoria. Los riesgos que plantean los aviones no tripulados pueden mitigarse con las llamadas tecnologías de drones puestos en desarrollo, que pueden rastrear, desactivar o destruir posibles bombas voladoras.

Además, es probable que el uso de drones para aplicaciones socialmente beneficiosas como la gestión de desastres y la entrega de suministros médicos mejore aún más la percepción pública de la tecnología.

Captura de datos aéreos

Ojos localizados en el cielo pueden proporcionar acceso a datos valiosos a costos mucho más bajos.

Los Drones se convertirán en una herramienta omnipresente para la industria, la agricultura y la gestión de recursos en la próxima década, combinando sensores de precisión con analíticas derivadas del aprendizaje automático, o computadoras que pueden autoaprender. Los operadores de una multitud de industrias combinan datos derivados de drones con flujos de trabajo existentes para resolver problemas reales. Por ejemplo, las aeronaves no tripuladas se combinan con redes satelitales existentes para proporcionar un acceso rápido a mapas geoespaciales confiables, recomendaciones agrícolas y análisis de infraestructura.

La capacidad de capturar datos ha sido la fuerza impulsora detrás de la adopción temprana de tecnologías de drones, y las barreras de entrada a los drones en términos de precio y complejidad operacional son insignificantes en comparación con las de imágenes satelitales o aviones tripulados. Las inspecciones de infraestructura realizadas a través de aviones no tripulados que utilizan pantallas termográficas pueden proporcionar información de los suelos en las explotaciones agrícolas, por ejemplo, o cortes en la red eléctrica.

Los datos proporcionados sobre la agricultura pueden, al mismo tiempo, reducir el impacto de los productos químicos en el medio ambiente, aumentar los rendimientos de los cultivos para ayudar a combatir la creciente crisis alimentaria mundial e identificar las plagas antes de que puedan diezmar la producción. La lista de quienes usan drones para la captura de datos aéreos se está expandiendo rápidamente para incluir a las aseguradoras, los primeros en responder, las empresas de telecomunicaciones y los gobiernos que necesitan encuestas, planificación o ayuda en caso de desastres.

Logística y entrega

Los drones están salvando vidas y creando oportunidades

La capacidad de entregar suministros médicos a través de drones ya ha salvado vidas en todo el este de África, y está empezando a encontrar un lugar en los entornos urbanos gracias a los avances en el control y la fiabilidad. Si bien no es inminente la intensa competencia por los sistemas de entrega y logística existentes, las empresas logísticas tradicionales, las nuevas empresas y las grandes compañías de tecnología están haciendo importantes inversiones en investigación y desarrollo de entrega con drones. Sin embargo, para que la entrega de drones sea económicamente factible, se requiere un cambio regulatorio significativo que permita vuelos de drones más allá de una línea de campo visual, como para múltiples aeronaves por cada operador humano.

74

Las empresas como Zipline, una empresa de drones con sede en San Francisco, han demostrado su capacidad para enviar productos sanguíneos a los hospitales rurales en Ruanda, según informes de prensa. Un proyecto en etapa inicial en 2017 ayudó a los hospitales de ese país a reducir el tiempo promedio de orden y distribución de sangre de ocho horas a 45 minutos, disminuir el desperdicio de sangre del 6% en todo el sistema a cero e impactar las vidas de miles de pacientes, incluyendo mujeres que de otra manera podrían haber muerto debido a una hemorragia durante el parto.

Mientras tanto, las organizaciones humanitarias, incluido UNICEF, están trabajando en las cadenas de suministro médico habilitadas con drones en Malawi y Vanuatu. Para obtener más sistemas de entrega de drones centrados en el consumidor, los gigantes tecnológicos y las empresas logísticas tradicionales están invirtiendo fuertemente en opciones para los ciudadanos en la creencia de que las personas están dispuestas a pagar más por las entregas que se pueden realizar en menos de 30 minutos. Amazon, DHL, UPS y Google diseñan y fabrican sus propios drones de marca para entregar productos a sus ciudadanos.

Los entornos urbanos son la próxima frontera para la entrega de drones. En septiembre de 2017, la startup Matternet lanzó el primer dron de entrega autónoma para volar en un entorno urbano con aprobación oficial, en Suiza. Japón ha establecido un objetivo ambicioso para la entrega con drones en Tokio para 2020, justo para los Juegos Olímpicos de verano que se celebrarán allí. La entrega en entornos urbanos probablemente requerirá una infraestructura especializada, tanto para el lanzamiento de drones como para la recepción de paquetes. Aún quedan muchas otras preguntas sin respuesta sobre los beneficios esperados de las emisiones de carbono, el impacto en el tráfico de la calle y la posibilidad de exacerbar aún más la brecha existente entre los que tienen y los que no tienen.

Movilidad aérea urbana

Las tecnologías desarrolladas para drones son los bloques de construcción para los nuevos modos de transporte aéreo.

Casi todos los vuelos comerciales ahora se realizan entre ciudades que están separadas por al menos 300 kilómetros. Sin embargo, las tecnologías que se están desarrollando para drones están creando oportunidades para un transporte aéreo seguro y económico dentro de las ciudades y en rutas de corta distancia. Las plataformas verticales y eléctricas de despegue y aterrizaje, que a menudo parecen versiones ampliadas de aviones no tripulados de consumo y entrega, están diseñadas para movilizar a las personas en las ciudades. Se esperan servicios de taxis comerciales en Dubai y Dallas para 2020.

El desarrollo de tecnologías de detección y anticolisión para drones y algoritmos de vuelo autónomos puede reducir los costos al sacar a los pilotos de las aeronaves. Mientras tanto, la gestión del tráfico del sistema de drones podría permitir un uso más intensivo y seguro del espacio aéreo. Aunque persisten las preguntas sobre la viabilidad de mover grandes cantidades de personas a través del aire en distancias cortas, el aumento de la congestión del tráfico y la oportunidad de reducir costos atraen cada vez más la atención y la inversión de las empresas y los gobiernos.

Están surgiendo varios modelos de cómo los nuevos tipos de viajes aéreos podrían integrarse en las redes de transporte, incluidos los automóviles voladores de propiedad personal, una red administrada de aviación a pedido y un sistema de aeronaves que vuela entre puntos designados un horario fijo. En cualquier caso, se deben abordar las inquietudes del público sobre los problemas de ruido derivados de la expansión del tráfico aéreo en áreas pobladas. Si el costo de estas nuevas modalidades de transporte aéreo puede ser limitado, tienen el potencial de vincular mejor a las personas que viven en zonas desfavorecidas con mejores empleos más alejados de sus vecindarios, lo que podría reducir la desigualdad. Esa podría ser una evolución positiva del sistema actual de viajes intraurbanos, en helicóptero, que es principalmente para los ricos.

Preservación del medio ambiente

Los esfuerzos para proteger los recursos naturales están impulsando la innovación y la adopción de drones.

Los Drones proporcionan una nueva herramienta para ayudar a comprender mejor y abordar las amenazas existenciales que plantean los cambios en nuestro medio ambiente, ya sea la extinción masiva de grandes mamíferos, la acidificación de masas de agua o la deforestación. Los sistemas de aviones no tripulados ya se están empleando para monitorear los flujos de hielo marino en el Ártico, los patrones de migración de las ballenas y los barcos de pesca ilegal que ponen en peligro a las especies en el Océano Atlántico. Sin embargo, los mismos problemas regulatorios y sociales que podrían obstaculizar el amplio despliegue de drones también pueden afectar nuestra capacidad de utilizarlos para la protección del medio ambiente.

Los drones pueden permitir una alta resolución, monitoreo remoto y recolección de datos en regiones y climas a un menor costo y menor riesgo que los métodos manuales. Si bien la mayor parte del debate sobre los drones se centra en las aplicaciones aéreas, su uso en el agua, en la tierra y en el espacio también es importante. Los drones de alta mar, por ejemplo, pueden realizar inspecciones a largo plazo que suplantan las operaciones de buceo extremadamente peligrosas y aumentan la frecuencia de inspección. Mientras tanto, los drones pueden inspeccionar los bordes del espacio para eliminar los restos de una exosfera cada vez más congestionada.

Gestión e infraestructura del espacio aéreo.

La participación segura y segura es el objetivo fundamental para la aviación futura

Los drones desafían los conceptos tradicionales de los que dependen los reguladores para gestionar el espacio aéreo. A diferencia de la aviación tripulada, donde el enfoque principal ha sido proteger a las personas dentro de un avión, la naturaleza desechable de los drones permite nuevos enfoques para la gestión del espacio aéreo, a medida que se crean nuevas misiones y se redefinen las misiones antiguas. En el futuro cercano, las decenas de miles de naves que ahora están en el aire en cualquier momento aumentarán a muchos millones, y la mayoría no contarán con tripulación. Esto requiere un paradigma de gestión del tráfico aéreo completamente nuevo, que pase de las personas en las torres que controlan el movimiento de los aviones a los sistemas altamente automatizados que se asemejan más al Internet de las redes de telefonía móvil.

Un nuevo enfoque basado en el rendimiento de los sistemas y los riesgos planteados a las personas y la propiedad sobre el terreno (en oposición al acceso al espacio aéreo basado en aeropuertos), ahora lo están persiguiendo los organismos que regulan el acceso aéreo internacional y nacional. Si bien la aviación tradicional utiliza equipos bien establecidos y normas mínimas de diseño, complementadas por requisitos de capacitación y conocimiento para pilotos y equipos de mantenimiento, los elementos de la industria de los drones aún se están formando en un entorno de rápidos cambios.

En cualquier caso, el modelo tradicional de control del espacio aéreo que utiliza radar, comunicación estandarizada basada en radio y equipo de conciencia situacional centrado en el ser humano estará obsoleto en el nuevo paradigma. Un estudio de la Comisión Europea publicado en 2016 calculó que al menos € 200 millones en inversión adicional en investigación y desarrollo deben hacerse en la próxima década con el fin de integrar los drones en el espacio aéreo controlado en Europa.

Los niveles de inversión en los sistemas de Gestión del tráfico no tripulado (UTM), el llamado Internet de las cosas que trae dispositivos cotidianos en línea, y la infraestructura de blockchain pueden definir el uso del espacio aéreo durante La Revolución Cognitiva, Cultural y Tecnológica. A medida que los sistemas desarrollados para UTM transformen la gestión tradicional del tráfico aéreo, el aprendizaje automático o la capacidad de los ordenadores para autoaprender y la inteligencia artificial se utilizará para modificar los planes de vuelo y los permisos del espacio aéreo en tiempo real, en respuesta al clima, cambio de misiones, y la necesidad de acomodar vehículos de emergencia y entregas.

A medida que se desarrollen nuevos sistemas de entrega de drones altamente automatizados para entornos urbanos, y surjan plataformas aéreas autónomas para transportar personas dentro de las ciudades, se tendrá que desarrollar infraestructura física adicional; estaciones de acoplamiento en centros comunitarios, o en los tejados, donde los drones pueden liberar paquetes, y numerosas plataformas de lanzamiento para vehículos de movilidad aérea urbana. El costo de esta infraestructura adicional, plantea algunos interrogantes: ¿cómo se financiará y quién será el propietario de la misma?

Los drones ilustran vívidamente los desafíos de integrar tecnología disruptiva en un sistema que ha operado durante mucho tiempo dentro de un entorno bien establecido y consistente. Si bien los modelos actuales de gestión del aire han evolucionado a lo largo de los últimos cien años sin muchos cambios, para aprovechar La Revolución Cognitiva, Cultural y Tecnológica será necesario un nuevo paradigma del aire que pueda adaptarse a los rápidos cambios tecnológicos.

Ítem 15

Seguridad Cibernética

A medida que el mundo se vuelve más interconectado digitalmente, que nunca, los esfuerzos para mantener la ciberseguridad enfrentarán nuevos y críticos desafíos. Los sistemas digitales están cada vez más conectados a la infraestructura física, y la seguridad de los sistemas ciberfísicos será esencial para mitigar el daño económico y físico. Las soluciones de seguridad cibernética pueden utilizar el aprendizaje automático para medir e informar riesgos potenciales, mientras que las organizaciones pueden mantenerse ágiles al usar tales técnicas para enfrentar los desafíos, incluidos los inevitables problemas de privacidad y seguridad asociados con desarrollos como la construcción de ciudades inteligentes y la expansión de Internet de las cosas.

Guerra cibernética

Las ilusiones de seguridad y la falta de acuerdos internacionales exacerban las vulnerabilidades cibernéticas

Aunque Internet comenzó como tecnología militar, la guerra cibernética es un concepto relativamente nuevo en el que muy poca gente tiene experiencia. El ciberespacio se ha convertido en la quinta dimensión de la guerra, además del mar, la tierra, el aire y el espacio, que se produce de forma independiente o en conjunto con otras dimensiones.

Los estados nación deberían prepararse para la inevitabilidad de la guerra cibernética a gran escala mediante el establecimiento de procedimientos nacionales e internacionales para defenderse, recuperarse y responder a tales ataques. De hecho, la guerra cibernética a pequeña escala ya ocurre a diario. Al lograr un monitoreo efectivo de los sistemas críticos de seguridad de la infraestructura y probar activamente las vulnerabilidades cibernéticas de la infraestructura a través de los equipos de piratería informática, que buscan mejorar la seguridad mediante pruebas de penetración, los estados nacionales pueden fortalecer de manera proactiva su ciberespacio. Finalmente, a lo largo de las evaluaciones de defensa cibernética, los funcionarios no deben subestimar las vulnerabilidades causadas por elementos humanos que podrían explotarse a través de la ingeniería social.

Los países de todo el mundo corren un riesgo cada vez mayor de sufrir ataques de guerra cibernética debido a la creciente interconectividad digital de los activos estratégicos nacionales y el desarrollo continuo de capacidades cibernéticas ofensivas. Utilizando los documentos filtrados de Edward Snowden, un informe del 23 de marzo de 2015 de Canadian Broadcasting Corporation destacaba la capacidad del Canadian Communication Security Establishment de destruir la infraestructura enemiga, interrumpir el tráfico de Internet en línea de un objetivo y crear inquietud al parecer que otro país realizando un cyber ataque. Otros países poseen capacidades similares y los gobiernos que no disfrutan de tales capacidades pueden subcontratar su guerra cibernética a organizaciones criminales. Sin embargo, la vulnerabilidad de la infraestructura sigue siendo un problema real.

Las amenazas de la guerra cibernética se ven exacerbadas por la ilusión de seguridad y la falta de acuerdos internacionales que rijan la guerra cibernética. A diferencia de la guerra tradicional, la guerra cibernética no tiene un acuerdo internacional integral que pueda ayudar a establecer las bases para el combate digital. Debido a esto, los objetivos de los ciberataques patrocinados por la nación no se limitan a las agencias gubernamentales, sino que también incluyen entidades privadas de infraestructura como las compañías eléctricas. Sin embargo, tales compañías a menudo no esperan o no están equipadas para repeler un acto de guerra cibernética patrocinado por la nación, dejando la infraestructura crítica peligrosamente desprevenida.

Los acuerdos internacionales sobre guerra cibernética e iniciativas dirigidas por el estado tienen el potencial de prevenir actos de guerra cibernética y establecer una base sobre la cual los estados nacionales modernizarán sus vulnerabilidades defensivas.

Un artículo de septiembre de 2015 en The Hill informó que los Estados Unidos y China buscaban codificar reglas de combate para la guerra cibernética, posiblemente basadas en un código de conducta creado por un grupo de trabajo de las Naciones Unidas. Sin embargo, algunos marcos, como el Acuerdo de Wassenaar de 1996, un acuerdo multilateral para controlar la exportación de armas y productos y tecnologías de doble uso, han tenido un impacto no intencional en la investigación sobre seguridad cibernética al hacer cada vez más difícil que los investigadores realicen su trabajo, y potencialmente convirtiendo a los aliados de seguridad en vendedores del mercado negro.

Los gobiernos deberían garantizar su propia seguridad estableciendo un control efectivo de sus activos de seguridad nacional y aumentando el costo de la guerra cibernética contra los combatientes enemigos a través de defensas y honeypots reforzados que pueden ayudar a identificar posibles ataques. (En la jerga de la seguridad informática, un honeypot, , es una ordenador o programa voluntariamente dejado en un estado de vulnerabilidad para atraer y atrapar crackers, o más generalmente, sus bots maliciosos.) Cualquier ilusión de seguridad debería ser desafiada activamente probando continuamente las defensas nacionales y críticas de la infraestructura privada con la ayuda de los equipos de piratería informática.

Privacidad

La anonimización insuficiente está dejando datos en constante aumento en riesgo de incumplimiento

A medida que la interconexión tecnológica se ha incrementado con la aparición de dispositivos inteligentes, informática móvil más sofisticada y el uso de datos biométricos, también ha aumentado la preocupación por la privacidad y la seguridad. Los llamamientos para restringir la privacidad en nombre de la seguridad deben contrarrestarse proactivamente con soluciones que fortalezcan ambos y creen un clima para el intercambio de datos que catalice el crecimiento económico. Las reglas transparentes para compartir datos deben incentivar a las partes a adherirse a las reglas y garantizar la protección de la privacidad.

Los desafíos más apremiantes para la privacidad en la era digital giran en torno a la transmisión de datos personales. La recopilación de datos se ha convertido en una parte constante de la vida cotidiana, que se produce durante cada transacción electrónica.

Actualmente, existe una compensación entre la cantidad de datos de privacidad que se otorgan y el grado en que los investigadores de datos pueden extraer la información pertinente. Sin embargo, simplemente eliminar los atributos personales de un conjunto de datos, como en el enfoque de tipos específicos de información de identificación personal de los EE. UU., no protege adecuadamente la privacidad de las personas que se usan en el conjunto de datos. En 2015, investigadores del MIT, Rutgers y la Universidad de Aarhus publicaron un estudio en Science que utilizó un conjunto de datos financieros que contiene más de un millón de personas para demostrar que simplemente identificar cuatro datos financieros anónimos del usuario sería suficiente para volver a identificar el 90% de los individuos en el conjunto. Con los robos de datos cada vez más comunes, se debe hacer más para proteger la privacidad individual.

Para proteger la privacidad en la era del big data, los transmisores de datos deben desarrollar y acordar métodos de transformación de datos que puedan reducir cuantitativamente el riesgo de reidentificación, tanto a nivel comercial como gubernamental. La salud económica depende de los conocimientos adquiridos mediante el análisis de grandes conjuntos de datos. Sin embargo, sin una adecuada protección de la privacidad, nuevos escándalos obstaculizarán la investigación futura de datos.

Protección de infraestructuras esenciales

El aumento en la infraestructura inteligente está demostrando la necesidad de características de seguridad bien planificadas.

La protección de la integridad cibernética de la infraestructura crítica, como las redes de energía, los sistemas de saneamiento y el control del tráfico y las funciones de navegación será uno de los principales desafíos de la sociedad en los próximos años. La proliferación continua de sistemas ciberfísicos, una combinación de infraestructura física, poder de cómputo y redes cibernéticas, tiene el potencial de aumentar la funcionalidad de nuestra infraestructura, pero sus procesos digitales también pueden estar sujetos a ciberataques. Además, los sistemas ciberfísicos desempeñarán un papel cada vez más importante en la facilitación de servicios inteligentes como la sanidad, las finanzas y el transporte, ampliando así las oportunidades para ataques cibernéticos devastadores. A fin de continuar el rápido ritmo de la innovación mientras se protege a la sociedad, la seguridad y la protección de la privacidad deben incluirse en el proceso de diseño de la infraestructura inteligente y no simplemente abordarse después de los hechos.

Mantener la infraestructura crítica cibersegura será uno de los desafíos más complejos e importantes a los que se enfrentarán los gobiernos en los próximos años. Un ataque en incluso un solo sector de infraestructura crítica, ya sea la infraestructura energética, el sistema financiero, las redes de comunicaciones o los servicios de agua, podría dejar a las comunidades e incluso a las naciones paralizadas con efectos duraderos.

Los marcos y las comunicaciones para mejorar la ciberseguridad en la infraestructura crítica han sido publicados por el Instituto Nacional de Estándares y Tecnología de EE. UU. Y la Comisión Europea, pero la mayoría de la infraestructura crítica sigue siendo vulnerable al ciberataque con consecuencias nefastas.

Ha habido una digitalización masiva de funciones anteriormente analógicas en infraestructura crítica. Este fenómeno no se limita a las plantas de energía y las plantas de tratamiento de aguas residuales, sino que se extiende a muchas funciones. Los ciudadanos de Estonia ahora pueden votar en línea, y los ciudadanos turcos ahora pueden acceder a su ayuda social del gobierno a través de Internet.

Los operadores de las refinerías de petróleo pueden monitorear los flujos y las presiones en tiempo real desde una computadora de escritorio en una oficina. Los gerentes de la planta nuclear pueden realizar un seguimiento de la temperatura de las torres de refrigeración y la transmisión de energía a través de una red. La infraestructura crítica digitalizada e hiperconectada mejora la eficiencia y la capacidad de respuesta, y permite la toma de decisiones impulsada por los datos.

Dicha interconectividad solo se expondrá a medida que la seguridad pública, el transporte, la banca y otros servicios críticos conecten y utilicen sistemas ciberfísicos para alcanzar sus objetivos con mayor facilidad.

Las demandas para proteger la infraestructura crítica solo aumentarán a medida que la amenaza continúe aumentando.

Tales iniciativas de "seguridad / privacidad por diseño" actuarán como una base segura sobre la cual los servicios públicos y privados inteligentes pueden operar y fortalecer aún más a nuestra sociedad.

Riesgo Sistémico y Resiliencia

La evaluación periódica de los sistemas de seguridad automatizados y la participación humana optimiza la resiliencia.

El mantenimiento de la ciberseguridad siempre ha implicado un equilibrio entre los costos y la reducción del riesgo. Sin embargo, con los grandes niveles de datos rentables ahora disponibles, la pregunta ya no es qué datos podemos recopilar, sino cómo pueden procesarse de manera efectiva esas grandes cantidades de datos. Los procesos de fusión de datos -métodos mediante los cuales las organizaciones pueden recopilar, filtrar e identificar de manera efectiva la información relevante- deben construirse para cooperar con los sistemas sensoriales informáticos a fin de maximizar la conciencia cibersocial.

Mediante la fusión de datos, los gobiernos y las empresas pueden probar continuamente los sistemas de defensa cibernética y optimizar la identificación precisa de los ciberataques para tomar decisiones rápidas en respuesta a actividades maliciosas.

Así como un país con fronteras más largas debe fortalecer más puntos potenciales de entrada del enemigo, la expansión de las redes digitales ha multiplicado la cantidad de "terreno" digital bajo vigilancia. Por lo tanto, la evaluación de riesgos en la actualidad presenta un flujo constante de datos que informa sobre el estado de seguridad de una red de información.

Cuando los datos brutos de seguridad cibernética se transmiten a una organización, la persona que analiza los datos debe comprender simultáneamente el contexto dentro del cual existe dicha información, fusionar mentalmente y evaluar los datos, y luego tomar decisiones de ciberseguridad a través de su propia comprensión de la imagen de riesgo.

Los procedimientos de automatización han ayudado a los usuarios a realizar tareas tan complicadas al destacar qué patrones de datos indican una potencial intrusión de seguridad. Sin embargo, tales procedimientos presentan nuevos desafíos para los profesionales de seguridad cibernética, que ahora deben determinar qué tan precisos son los sistemas de advertencia. Los procedimientos de automatización que producen falsas alarmas y no detectan amenazas reales ponen en peligro la ciberseguridad y la confianza humana en esos sistemas.

Con el fin de mitigar adecuadamente los riesgos de seguridad y maximizar la resiliencia, la información de seguridad debe procesarse de manera eficiente y precisa para lograr una conciencia cibernética completa.

Paralelamente a la supervisión de los procesos automatizados es necesario ampliar la capacitación de profesionales de seguridad para abarcar habilidades críticas no técnicas para seguridad cibernética, como conocimientos de gestión y capacitación para comprender el comportamiento humano, y también confiar en organizaciones de seguridad independientes para permitir adquisiciones informadas en el ecosistema digital fragmentado.

Nuevas normas de colaboración

Las amenazas globales requieren nuevas plataformas para la seguridad de los datos y la privacidad.

La colaboración en el ámbito digital no es diferente a otras formas de colaboración; para ser útil, debe ocurrir de manera efectiva y sin dañar a las partes involucradas. Deben adoptarse nuevas normas de intercambio de datos tanto dentro de las industrias como entre ellas para abordar las fortalezas y los peligros potenciales de cada situación particular. La AI al conectar investigadores en la academia, organizaciones del sector privado, organizaciones sin fines de lucro y agencias gubernamentales, la transmisión y el análisis de big data compartido dará lugar a descubrimientos más fructíferos. Sin embargo, la colaboración de datos solo seguirá siendo viable si se puede hacer de forma segura y si protege la privacidad de las personas involucradas. Esto implicará la anonimización de datos que minimiza la reidentificación y la colaboración internacional entre los legisladores y los organismos encargados de hacer cumplir la ley para abordar cuestiones de seguridad que a menudo son de naturaleza global.

El mundo en constante evolución del ciberespacio está llegando más lejos en nuestras vidas diarias y hasta los más altos niveles de gobierno y negocios. A medida que el mundo cibernético se inserta cada vez más en el mundo físico, hacen falta normas de colaboración nuevas y definidas para ayudar a gobernar el comportamiento y efectuar el cambio. El deseo de esta colaboración existe entre los grupos de partes interesadas: desde los gobiernos hasta las empresas y la sociedad civil. Una voz importante en este llamado a las normas del ciberespacio es la comunidad internacional, y enfatiza la necesidad de reglas de compromiso, armonización y estandarización de la regulación, reducción del riesgo y métodos de cooperación, entre otras cosas. Esta colaboración es particularmente importante para evitar posibles amenazas de ciberseguridad y para ayudar a defenderse contra elementos infames que no solo explotarían las debilidades tecnológicas para derribar a un individuo o un negocio, sino también a un gobierno.

Las crecientes instancias de ciberataques patrocinados por el gobierno, así como los de grupos privados e individuos, han empujado a los gobiernos, las empresas y la sociedad a encontrar formas más productivas de colaborar para protegerse. Aunque se han hecho algunos intentos para aclarar los marcos normativos, como la Estrategia de Seguridad Cibernética de la Unión Europea, en general todavía no se comprende cómo deben comportarse los Estados y las organizaciones en el ciberespacio. La falta de nuevas normas y formas de colaboración ha creado un abismo en la demanda y expectativas de seguridad en los productos de consumo. El informe Deloitte Consumer Review 2015 sugirió que el 80% de los ciudadanos tenían más probabilidades de comprar de una marca que sabían que protegía su ciberseguridad, mientras que solo el 66% de los ejecutivos de negocios creen que los consumidores incluso notaron la diferencia.

Para que la colaboración en el ciberespacio sea efectiva, se deben construir nuevos canales de intercambio de datos tanto verticalmente para fines específicos de la industria como horizontalmente en múltiples industrias.

Dado que cada industria es susceptible a diferentes tipos de ciberataques, por ejemplo, la industria financiera a menudo se ocupa de los correos electrónicos de phishing, el intercambio de datos dentro de una industria puede ayudar a las organizaciones afectadas a comprender mejor las clases de ataques que les conciernen. Por el contrario, ciertas clases de ciberataques, como el ransomware que mantiene como rehenes a los datos de un usuario, tienden a afectar a las organizaciones en todas las industrias y, por lo tanto, deben ser combatidos con la ayuda de todos los afligidos. Para que estos datos compartidos produzcan los resultados más productivos, los investigadores de los sectores académico y privado deben operar con un riesgo relativamente bajo. Organizaciones como el Canadian Cyber Threat Exchange (CCTX) y National Cyber-Forensics & Training Alliance (NCFTA) pueden ayudar a facilitar tales discusiones y proporcionar foros seguros para el intercambio de información. Los marcos jurídicos internacionales y las organizaciones como la Interpol deberían seguir perfeccionándose para reflejar los desafíos internacionales del cibercrimen.

Delito cibernético.

El aumento de la conectividad aumenta la vulnerabilidad al delito cibernético

La interconexión tecnológica nos ha facilitado la vida a través de desarrollos tales como los dispositivos conectados por El Internet de las Cosas y la informática móvil cada vez más capaz, pero con más dispositivos para hackear, han aumentado las oportunidades para el cibercrimen. Por lo tanto, cuando los ciberataques se llevan a cabo en un entorno de Internet cada vez más interconectado, afecta a más personas que nunca.

Con más dispositivos para infiltrarse, se ha vuelto más importante que nunca luchar sistemáticamente contra el delito cibernético. Microsoft y Adobe lanzaron más parches que nunca, Microsoft lanzo 155 boletines de seguridad en 2016, en comparación con 85 en 2014. Sin embargo, la carrera armamentista entre creadores y ciberdelincuentes aún favorece a aquellos que desean usar sus habilidades nefastamente. Esto es un subproducto del gran aumento en los datos transmitidos y la existencia de incentivos para aquellos que descubren fallas para vender sus hazañas en el mercado negro. Dado que los usuarios finales ahora transmiten grandes cantidades de datos personales, los cibercriminales han descubierto que es lucrativo apuntar a individuos o pequeñas empresas al retener sus recursos tecnológicos como rehenes a través de ransomware y ataques de denegación distribuida de denegación de servicio (DDoS). Con los dispositivos de Internet desplazando cada vez más los dispositivos de uso diario, estas amenazas solo crecerán en el futuro.

El cibercrimen no se limita a Internet con el que estamos familiarizados: se extiende a la "Red oscura". La red oscura o Darknet funciona de manera similar a la internet de superficie estándar, excepto que las direcciones IP se mantienen anónimas y los servidores Tor se utilizan para facilitar las interacciones. A diferencia de la World

Wide Web, la red oscura proporciona un gran mercado negro en línea que conecta a los traficantes nefastos de productos ilegales con cualquier persona en el mundo, todo bajo el manto del anonimato. Este tipo de lugar es comprensiblemente un refugio para los (ciber) delincuentes que desean vender sus bienes robados o ciudadanos que buscan comprar servicios de ataque.

De particular interés es el crecimiento del ransomware, que con frecuencia se dirige a empresas y hospitales y los obliga a pagar, o se arriesga a perder sus datos de forma permanente. Con el fin de difundir aún más el ransomware, los hosts de ransomware a menudo reclutan "agentes" de la red oscura y los alientan a instalar el ransomware descargado en los ordenadores de sus escuelas, empresas u organizaciones. Para motivar aún más a los agentes, cada instancia de ransomware contiene una ID única que vincula a un agente. Cuando se recibe un pago de rescate, los agentes reciben comisión.

Dado el potencial de daños graves a la infraestructura de la organización y la reputación que plantea el ransomware, es fundamental que las empresas y las organizaciones tomen medidas para prevenir la infección. Con los correos electrónicos y archivos adjuntos maliciosos que comprenden los principales vectores de infección, es particularmente importante capacitar a las personas para detectar posibles amenazas e instituir políticas que animen a los ciudadanos a informar cualquier posible falla de seguridad para que se puedan tomar medidas lo antes posible. Los archivos de respaldo, separados de la red, también deben mantenerse y actualizarse periódicamente en caso de que ocurra lo peor.

Para que los expertos en seguridad estén un paso por delante de los delincuentes, las recompensas por errores y la legislación útil deben llenar el vacío que ocupa el mercado negro.

Dado que detener la interconexión tecnológica sería económicamente perjudicial, los investigadores de seguridad deben ser incentivados a compartir sus descubrimientos con creadores de software. Ampliar tales acuerdos sería beneficioso para las empresas privadas y públicas: los investigadores de la Universidad de California, Berkeley descubrieron que recompensar a los investigadores de seguridad externos por encontrar errores era hasta 100 veces más rentable que no hacerlo. Con programas de recompensas adecuados y legislación, aquellos que combaten el delito cibernético se beneficiarían de un ejército de investigadores independientes que trabajan para encontrar vulnerabilidades potenciales que de otro modo habrían caído en manos de criminales.

Seguridad de las cosas

Las prácticas de diseño y comunicación reflexivas pueden ayudar a fomentar la privacidad y la seguridad

La hiperconectividad cada vez mayor de la sociedad ha dado lugar a la llamada Internet de las cosas, vinculando todo, desde nuestros automóviles, a nuestros teléfonos, a nuestras casas, a través de Internet. A medida que el Internet de las Cosas (IoT) y los dispositivos portátiles alcancen nuestras vidas, la transmisión y la recopilación de datos dependerán cada vez más de los servicios de computación en la nube y esta asociación presentará nuevas vulnerabilidades de privacidad y seguridad. Con tantos datos creados, transferidos y analizados, deben abordarse las cuestiones de privacidad relacionadas con el consentimiento del consumidor, la compensación y los costos ocultos basados en las características personales.

Internet ya no se limita a los ordenadores que se encuentran en nuestros escritorios; ahora nos conecta con el mundo exterior a través de nuestros teléfonos, automóviles e incluso nuestros dispositivos médicos. El IoT está produciendo avances impensables hace solo una década, desde automóviles sin conductor hasta hogares inteligentes. Según un informe de 2013 de la firma de investigación de TI Gartner, Inc., el número de dispositivos conectados a IoT, sin incluir PC, teléfonos inteligentes y tabletas, aumentará de 900 millones en 2009 a 26 mil millones en 2020, un aumento de 30 veces.

Con la proliferación de tales dispositivos, surgen oportunidades para aprender. Sin embargo, esas oportunidades pueden plantear cuestiones éticas sobre el uso de datos, al igual que las compañías de seguros utilizan datos biométricos como base para calcular las primas, una medida que puede afectar incluso a los consumidores no comprometidos. Tales preguntas serán más frecuentes y afectarán a personas de todas las categorías. Incluso las muñecas Barbie ahora recopilan y analizan datos, un hecho que se dio cuenta cuando Mattel lanzó la "Hello Barbie", una muñeca que reconoce el habla y tiene características de aprendizaje progresivo, en el otoño de 2015.

A medida que los ciudadanos en los mercados de consumo e industriales exigen cada vez más conexiones, la capacidad de asegurar el IoT se vuelve cada vez más importante. Los consumidores obtienen los beneficios de la mayor comodidad de estar hiperconectados, mientras que las industrias aprovechan las redes altamente conectadas y la interoperabilidad para mejorar su capacidad de tomar decisiones basadas en datos. Sin embargo, como los desarrolladores han avanzado rápidamente para cumplir con la nueva demanda de IoT, no han logrado protegerla adecuadamente y proteger la privacidad del ciudadano.

Esto se convertirá en un problema inmenso a medida que el mundo confíe cada vez más en un IoT seguro. Los fabricantes dependerán de la información precisa sobre los envíos, los militares dependerán del control total de los drones armados, los pacientes dependerán de las bombas de insulina inalámbricas que funcionen correctamente. Todo esto podría estar en riesgo en un IoT inseguro poniendo en riesgo la privacidad, el dinero y la vida.

La expansión del IoT cambia fundamentalmente la naturaleza de las amenazas a la seguridad cibernética, ampliándolas mucho más allá del ciberespacio. A medida que el número de dispositivos conectados al IoT explote y las áreas de vulnerabilidad aumenten, la gente tendrá que preocuparse por la transformación del delito cibernético de una molestia a una amenaza para la seguridad física. Si las preocupaciones de seguridad y privacidad se ven como un problema posterior a la publicación, como suele ser el caso, en el futuro habrá una superficie digital demasiado grande para una protección adecuada. Con el fin de aumentar la interconectividad y reducir al mismo tiempo las oportunidades de actividad maliciosa, la privacidad y la seguridad deben implementarse como características fundamentales en las etapas de diseño de la producción.

El peligro potencial de seguridad laxa en los dispositivos IoT se demostró el 21 de octubre de 2016, cuando el proveedor de DNS Dyn fue atacado por miles de dispositivos IoT comprometidos, lo que provocó un tiempo de inactividad para muchos sitios importantes en Europa, Canadá y Estados Unidos. Según Dale Drew, el Jefe de Seguridad de Level 3 Communications, este ataque no solo fue masivo en escala e impacto, sino que se destacó por la facilidad con la que fue montado, y aún así solo utilizó una fracción de los dispositivos IoT comprometidos.

Al comenzar en un punto de máxima seguridad, será más difícil para los delincuentes manipular las experiencias íntimas con la tecnología y poner en peligro los sistemas masivos de computación en la nube. Además, las preocupaciones de privacidad sobre la recolección de datos no deseados o injustos que actualmente operan en zonas grises legales deberían abordarse y hacerse más transparentes. Los límites sobre cómo un consumidor puede ser tratado por la compañía en función de sus características personales deben definirse más claramente. El consentimiento claro, la información y posiblemente la compensación deben intercambiarse explícitamente entre las empresas y los consumidores a fin de lograr un equilibrio sostenible para el aprendizaje posterior.

Tecnología y la ley

Las amenazas digitales que evolucionan rápidamente requieren adaptaciones a las bases de conocimiento de los legisladores y legisladores.

A medida que las ciberamenazas evolucionan a un ritmo cada vez mayor, es fundamental que los legisladores y los funcionarios del gobierno estén al día con los últimos desarrollos y que utilicen esa información para garantizar que la ley refleje las cambiantes capacidades tecnológicas. Mientras que los legisladores luchan por mantenerse al día con las realidades de las armas impresas en 3D y la interferencia de aviones no tripulados, la tasa de cambio en línea es aún más asombrosa. La incapacidad de mantenerse por delante de esta curva arriesga los abusos de la tecnología a través de la ignorancia o la malicia sin ningún recurso legal, y puede dejar a las naciones vulnerables a los ataques sin la comprensión necesaria para dar una respuesta informada.

Para implementar leyes y políticas efectivas en este ámbito, es crucial que los legisladores y las fuerzas del orden comprendan los desafíos actuales que enfrentan los expertos en ciberseguridad. A diferencia de muchas otras áreas, como la legislación y la seguridad tradicional, los funcionarios del gobierno a menudo no están bien versados en el cibercrimen y la guerra cibernética: cómo se realiza, se defiende y cómo se determina la atribución. Esta falta de comprensión se ve exacerbada por los desafíos innatos de atribuir identidad e intención a un partido sospechoso, como reconoce Neil Rowe en su contribución sobre la atribución de la guerra cibernética en un volumen editado en 2015 titulado Cyber Warfare: A Multidisciplinary Analysis.

Los responsables de las políticas deben comprender esta dificultad para que los recursos puedan gestionarse adecuadamente, pero también para que los gobiernos puedan proporcionar un frente unido a los ciudadanos, aliados y adversarios cuando se enfrentan a amenazas de esta naturaleza.

El proceso de identificar la causa, el alcance y el perpetrador de un ataque o crimen cae bajo ciber forense, y además de las dificultades técnicas, hay obstáculos legales que enfrentan los profesionales en este campo. Cabe destacar que el aumento de la computación en la nube (el uso de servidores remotos para alojar datos) se ha convertido en un obstáculo importante en el seguimiento y enjuiciamiento del delito cibernético, ya que crea una pesadilla jurisdiccional.

Como señaló un equipo de la Universidad de Glasgow en un artículo en el International Journal of Digital Crime and Forensics, ahora es increíblemente fácil para los agentes maliciosos almacenar evidencia digital incriminatoria en servidores que físicamente existen fuera del alcance de los investigadores. Incluso si se obtiene evidencia, la computación en la nube puede dificultar o imposibilitar la cadena de custodia, haciendo que la evidencia sea potencialmente inadmisible en los tribunales. Los encargados de implementar la ley deben conocer estas dificultades y trabajar con expertos en ciberseguridad del gobierno, la industria y la academia para minimizarlos.

El establecimiento de grupos sin fines de lucro, como la National Cyber-Forensics & Training Alliance (NCFTA) en los Estados Unidos y su capítulo en Canadá, facilita este tipo de colaboración interna. Al reunir a expertos de diferentes dominios, ayudan a garantizar que las naciones tengan las herramientas forenses cibernéticas más avanzadas a su disposición.

Para combatir esta nueva realidad, debe haber un esfuerzo internacional unido y enérgico también. Las fronteras significan poco para los cibercriminales, y las leyes que trabajan para evadir deben igualmente trascender las fronteras físicas. Los estándares deben desarrollarse para armonizar las definiciones legales de delito cibernético y para facilitar la cooperación interjurisdiccional entre naciones. Aquellos que ignoran este creciente riesgo de amenaza se vuelven más vulnerables a los atacantes, que sienten que pueden escapar de la justicia porque pueden cruzar las fronteras fácilmente.

La tecnología en desarrollo debe monitorearse continuamente y los legisladores deben estar debidamente informados sobre el estado de la ciberseguridad para crear leyes y políticas lógicas y efectivas. Las tendencias discutidas ya se están volviendo problemáticas, y el momento de establecer precedentes y regulaciones ahora, antes de que se aceleren aún más. De lo contrario, pueden producirse atolladeros legales y debates prolongados sobre cuestiones que deberían haberse resuelto, lo que exige que los reguladores se pongan al día con un objetivo móvil.

Bibliografía y webgrafía

- Akue-Kpakpo A., 2013, Study on International Internet Connectivity in Subsaharan Africa, Genève, International Telecommunications Union.
- Annals of Rheumatic Diseases en 2014
- Aubertin C. et Vivien F.-D. (dir.), 2010, Le Développement durable, Paris, La Documentation française.
- Barles S., 2010, "Society, Energy and Materials: the Contribution of Urban Metabolism Studies to Sustainable Urban Development Issues", Journal of Environmental Planning and Management, 53(4): 439-455.
- Bess M., 2011 [2003], La France vert clair. Écologie et modernité technologique 1960-2000, Seyssel, Champ Vallon.
- Bihouix P. et De Guillebon B., 2010, Quel futur pour les métaux ? Raréfaction des métaux : un nouveau défi pour la société, Les Ulis, EDP Sciences.
- Bourg D., 2011, Pour une VIe République écologique, Paris, Odile Jacob.
- Branco Ponomariov, Craig Boardman N° 2012/01 05 mars 2012 OECD Science, Technology and Industry Working Papers Organizational Behavior and Human Resources Management for Public to Private Knowledge Transfer
- Cardon D., 2010, La Démocratie Internet : promesses et limites, Paris, Le Seuil.
- Caroline Paunov N° 2011/05 19 déc 2011 OECD Science, Technology and Industry Working Papers Imports, Innovation and Employment after Crisis
- Caroline Paunov N° 2013/01 29 jan 2013 OECD Science, Technology and Industry Working Papers Innovation and Inclusive Development
- Cash D. W., Clar k W. C., Alcock F., Dickson N . M., Eckley N ., Guston D. H., Jager J. et Mitchell R. B., 2003, "Science and technology for sustainable development special feature: knowledge systems for sustainable development", Proceedings of the National Academy of Sciences, 100(14), p. 8086-8091.
- Charles Hulten N° 2013/02 22 mai 2013 OECD Science, Technology and Industry Working Papers Stimulating Economic Growth through Knowledge-Based Investment
- Chiara Criscuolo, Nick Johnstone, Carlo Menon, Victoria Shestalova N° 2014/03 28 oct 2014 OECD Science, Technology and Industry Working Papers Renewable Energy Policies and Cross-border Investment
- Chiara Criscuolo, Peter N. Gal, Carlo Menon N° 2014/02 22 mai 2014 OECD Science, Technology and Industry Working Papers DynEmp: A Stata® Routine for Distributed Micro-data Analysis of Business Dynamics
- Costello M. J., Coll M., Dano var o R., Halpin P., Oja veer H. et Milosla vic P., 2010, A Census of Marine Biodiversity Knowledge, Resources, and Future Challenges, PLoS ONE, 5(8), e12110. DOI : 10.1371/journal.pone.0012110.
- Coutard O. et Rutherford J., 2011, "The Rise of Post-Networked Cities in Europe? Recombining Infrastructural, Ecological and Urban Transformations in Low Carbon Transitions", in Bulkeley H., Castan Broto V., Hodson M. et Marvin S. (eds.), Cities and Low Carbon Transitions, Londres, Routledge: 107-125.
- Cushman S. A. et Huettmann F . (éd.), 2010, Spatial Complexity, Informatics and Wildlife Conservation, Tokyo, Springer. DOI : 10.1007/978- 4-431-87771-4_1 6.
- Daniel Ker, Fernando Galindo-Rueda N° 2017/06 16 oct 2017 OECD Science, Technology and Industry Working Papers Frascati Manual R&D and the System of National Accounts
- Deloitte, 2012, Subsaharan Africa Mobile Observatory. Disponible sur : www.gsma.com/publicpolicy/wp-content/ uploads/2012/03/SSA_FullReport_v6.1_clean.pdf
- Dryzek J. S. et Stevenson H., 2011, "Global Democracy and Earth System Governance", Ecological Economics, 70, 11: 1865-1874.

- Dryzek J., 2011, "Global Democratization: Soup, Society, or System ?", Ethics & International Affairs, 25(2): 211-234.
- DU CASTEL François, La révolution communicationnelle, Les enjeux du multimédia, éditions L'Harmattan, Paris, 1995, ISBN 2-7384-3348-0,
- Écologie et Politique, janvier 2012, « Penser l'écologie politique en France au xxe siècle », n° 44.
- Faucheux S., Hue C. et Nicolaï I., 2010, TIC et développement durable — Les conditions du succès, Bruxelles, De Boeck.
- Fernando Galindo-Rueda, Fabien Verger N° 2016/04 16 jui 2016 OECD Science, Technology and Industry Working Papers OECD Taxonomy of Economic Activities Based on R&D Intensity
- Fernando Galindo-Rueda, Valentine Millot N° 2015/01 19 jan 2015 OECD Science, Technology and Industry Working Papers Measuring Design and its Role in Innovation
- Fressoz J.-B., 2012, L'Apocalypse joyeuse : une histoire du risque technologique, Paris, Le Seuil.
- Gianluca Tarasconi, Carlo Menon N° 2017/07 03 nov 2017 OECD Science, Technology and Industry Working Papers Matching Crunchbase with patent data
- Giuseppe Berlingieri, Patrick Blanchenay, Sara Calligaris, Chiara Criscuolo N° 2017/04 16 mai 2017 OECD Science, Technology and Industry Working Papers The Multiprod project
- Global eSustainability Initiative (GeSI), 2008, SMART 2020: Enabling the Low Carbon Economy in the Information Age, Bruxelles, GeSI.
- Global Wealth Report publicado por el banco suizo Credit Suisse -2009 The Spirit Level: Why Greater Equality Makes Societies Stronger, los epidemiólogos británicos Richard Wilkinson y Kate Pickett
- Groupe EcoInfo, 2012, Impacts écologiques des TIC, Les Ulis, EDP Sciences.
- Guston D., 2010, "The Anticipatory Governance of Emerging Technologies", Journal of the Korean Vacuum Society, 19(6): 432-441.
- Hamilton C., 2013, Les apprentis sorciers du climat. Raisons et déraisons de la géo-ingénierie, Paris, Le Seuil.
- Harrison R., 2013, Free Online Learning: AMI to Develop Africa's First "MOOC", Johannesburg, African Management Initiative.
- Harvard Business Review - Ideas and Advice for Leaders https://hbr.org/
- http://www.journals.uchicago.edu/doi/pdfplus/10.1086/380085
- http://www.springer.com/fr/business-management/innovation-technology-management
- Informe "Future of Jobs" del Foro Económico Mundial
- Informe de Capital Humano 2017 Reporte de Tendencias Globales en Capital Humano 2017 Deloitte
- International Journal of Digital Crime and Forensics Universidad de Glasgow
- ITU, 2013, Measuring the Information Society, Genève, International Telecommunications Union.
- J. M. et Sar ukhan J., 2010, "A new mechanism for science-policy transfer and biodiversity governance?", Environmental Conservation, 36(4), p. 265-267.
- Jaglin S., 2012, « Services en réseaux et villes africaines : l'universalité par d'autres voies ? », L'Espace géographique, n° 41, p. 51-67.
- Jean-Michel Dalle, Matthijs den Besten, Carlo Menon N° 2017/08 03 nov 2017 OECD Science, Technology and Industry Working Papers Using Crunchbase for economic and managerial research
- Josh Lerner N° 2010/03 18 mars 2010 OECD Science, Technology and Industry Working Papers Innovation, Entrepreneurship and Financial Market Cycles
- Lar igauder ie A. et Mooney H. A ., 2010, "The Intergovernmental science-policy platform on biodiversity and ecosystem services: moving a step closer to an IPCC-like mechanism for biodiversity", Current Opinion in Environmental Sustainability, 2, p. 1-6.

- Luca Marcolin, Sébastien Miroudot, Mariagrazia Squicciarini N° 2016/01 14 jan 2016 OECD Science, Technology and Industry Working Papers Routine jobs, employment and technological innovation in global value chains
- Mani S. et al., 2013b, "TRIPS Compliance of National Patent Regimes and Domestic Innovative Activity, The Indian experience", in Mani S. et Nelson R. (eds.), TRIPS Compliance, National Patent Regimes And Innovation, Cheltenham, Edward Elgar Publishing.
- Mani S., 2013a, "Evolution of the Sectoral System of Innovation of India's Aeronautical Industry", International Journal of Technology and Globalization, vol. 7 (1-2): 92-117.
- Mariagrazia Squicciarini, Luca Marcolin, Peter Horvát N° 2015/09 12 oct 2015 OECD Science, Technology and Industry Working Papers Estimating Cross-Country Investment in Training
- Mariagrazia Squicciarini, Marie Le Mouel N° 2012/05 25 sep 2012 OECD Science, Technology and Industry Working Papers Defining and Measuring Investment in Organisational Capital
- MICHAUD Yves, Qu'est-ce que les technologies ? (volume 5), Université de tous les savoirs, éditions Odile Jacob, Paris, 2001, ISBN 2-7381-0935-7,
- Michel J. G. van Eeten, Johannes M. Bauer, Hadi Asghari, Shirin Tabatabaie N° 2010/05 12 nov 2010 OECD Science, Technology and Industry Working Papers The Role of Internet Service Providers in Botnet Mitigation
- MIT Technology Review https://www.technologyreview.com
- Morin E., 2011, La Voie. Pour l'avenir de l'humanité : une nouvelle voie, Paris, Éditions Pluriel.
- Mounier-kuhn P.E., 2010, « Les clubs d'utilisateurs : entre syndicats de clients, outils marketing et "logiciel libre", avant la lettre », Entreprises et histoire, 3(60), p. 158-169.
- Mulga G., 2013, The Locust and the Bee: Predators and Creators in Capitalism's Future, Londres, Princeton University Press.
- Neil Rowe Cyber Warfare: A Multidisciplinary Analysis
- Nonny de la Pena "Hunger in Los Angeles" https://docubase.mit.edu/project/hunger-in-los-angeles/ . https://youtu.be/SSLG8auUZKc .
- Nordmann A., 2010, "Enhancing Material Nature", in Lein kjølberg K. et Wickson F. (eds.), Nano meets Macro: Social Perspectives on Nanoscale Sciences and Technologies, Singapore, Pan Stanford: 283-306.
- Perez C., 2002, Technological Revolutions and Financial Capital: the Dynamics of Bubbles and Golden Ages, Londres,
- Perez C., 2012, "The Greening of Global Economy", Inside Track, Issue 30: 3-5.
- Pierre Audouin Consultants (PAC), 2010, Le Logiciel libre ne connaît pas la crise.
- Pierre Audouin Consultants (PAC), 2012, Étude Open Source France.
- Private Traits and Attributes are Predictable From Digital Records of Human Behavior
- Private Traits and Attributes are Predictable From Digital Records of Human Behavior Michal Kosinski, David tillwell and Thore Graepel NAS 2013 April
- Proceedings of the National Academy of Sciences
- Ramirez-Llodr a E., Br andt A., Danovar o R., De Mol B. e t Escobar E., 2010, "Deep, diverse and definitely different: unique attributes of the world's largest ecosystem", Biogeosciences. DOI : 10.5194/bgd-7-2361-2010.
- Robert Grundke, Stéphanie Jamet, Margarita Kalamova, François Keslair, Mariagrazia Squicciarini N° 2017/05 23 juin 2017 OECD Science, Technology and Industry Working Papers Skills and global value chains
- Robert Grundke, Stéphanie Jamet, Margarita Kalamova, Mariagrazia Squicciarini N° 2017/03

- Roco M., Bainbridge W., Tonn B. et Whitesides G. (eds.), 2013, Convergence of Knowledge, Technology and Society: Beyond Convergence of Nano-Bio-Info-Cognitive Technologies, Lancaster, WTEC. Disponible sur : www.wtec.org/NBIC2
- Rutherford J. et Coutard O., 2013, "Urban Energy Transitions: Places, Processes and Politics of Socio-Technical Change", Urban Studies.
- Sandra Planes-Satorra, Caroline Paunov N° 2017/02 25 avr 2017 OECD Science, Technology and Industry Working Papers Inclusive innovation policies
- Save More Tomorrow - The University of Chicago Press: Journals
- Schwarz A. et Nordmann A., 2011, "The Political Economy of Technoscience", in Carrier M. et Nordmann A. (eds.), Science in the Context of Application, Dordrecht, Springer: 317-336.
- Silvia Appelt, Brigitte van Beuzekom, Fernando Galindo-Rueda, Roberto de Pinho N° 2015/02
- Steffi Friedrichs, Brigitte van Beuzekom   N° 2018/01
- The Deloitte Consumer Review Digital Predictions 2015 http://bit.ly/2EHM62A
- Turner F., 2010, From Counterculture to Cyberculture: Stewart Brand, the Whole Earth Network, and the Rise of Digital Utopianism, Chicago, University Of Chicago Press.
- Universidad de Yale en una edición de 2016 de Trends in Neurosciences
- Vogt T., 2010, "Buying Time — Using Nanotechnologies and Other Emerging Technologies for a Sustainable Future", in Fiedeler U., Coenen C., Davies S. et Ferrari A. (eds.), Understanding Nanotechnology: Philosophy, Policy and Publics, Heidelberg, Akademische Verlagsgesellschaft AKA: 43-60.
- Yoshihiro Hashiguchi, Norihiko Yamano, Colin Webb N° 2017/0 03 nov 2017 OECD Science, Technology and Industry Working Papers Economic shocks and changes in global production structures

www.ingramcontent.com/pod-product-compliance
Lightning Source LLC
Chambersburg PA
CBHW060436290526
45791CB00002B/963